스피킹 코치 영어 회화 패턴

100

김영욱 ★ 지음

PAGODA Books

스피킹 코치
영어회화 패턴 100

초판 1쇄 발행 2021년 6월 14일
초판 2쇄 발행 2021년 7월 26일

지 은 이 | 김영욱
펴 낸 이 | 고루다
펴 낸 곳 | Wit&Wisdom 도서출판 위트앤위즈덤
임프린트 | **PAGODA Books**
출판등록 | 2005년 5월 27일 제 300-2005-90호
주　　소 | 06614 서울특별시 서초구 강남대로 419, 19층(서초동, 파고다타워)
전　　화 | (02) 6940-4070
팩　　스 | (02) 536-0660
홈페이지 | www.pagodabook.com

저작권자 | ⓒ 2021 김영욱

ISBN 978-89-6281-873-4 (13740)

도서출판 위트앤위즈덤　www.pagodabook.com
파고다 어학원　　　　　www.pagoda21.com
파고다 인강　　　　　　www.pagodastar.com
테스트 클리닉　　　　　www.testclinic.com

PAGODA Books는 도서출판 Wit&Wisdom의 성인 어학 전문 임프린트입니다.
낙장 및 파본은 구매처에서 교환해 드립니다.

영어가 재밌으면 좋겠습니다.
영어를 좋아하면 좋겠습니다.

항상 이런 마음으로 영어를 가르칩니다.

언어란 배우는 자체로 가치가 있습니다.
새로운 세상에서 새로운 사람들과 전혀 다른 시선과 경험으로
대화를 나누는 것은 언어가 주는 짜릿한 선물이자 감동입니다.

이 책을 읽으시는 모두가 다시금 영어를 공부하고 싶은 마음이 들었으면 좋겠습니다.

그런 마음으로 열심히 썼습니다.

그럼 마음껏 영어를 즐겨주시길 바랍니다.
감사합니다.

저자
김영욱

((이 책의 200% 활용법))

파고다북스 5분톡 바로가기

" 저자 직강 데일리 음성 강의 "

🎲 저자가 직접 강의하는 음성 강의!

🎲 교재 내용을 보다 확실하게 이해시켜 드립니다.

→ 네이버 오디오클립에서 '스피킹 코치 영어회화 패턴 100'을 검색해서 청취하세요.

" 교재 예문 MP3 "

🎲 영어 귀가 트이려면 반복해서 듣는 게 최고!

🎲 책에 수록된 모든 예문을 원어민 발음으로 들어볼 수 있도록
MP3를 무료로 제공합니다.

→ 파고다북스 홈페이지에서 다운로드 받아 청취하세요.
  (실시간 스트리밍도 가능)

**하루 5분씩 100일,
내 입에서 영어가 술술 나올 때까지!
파고다 5분톡 〈스피킹 코치 영어회화 패턴 100〉
학습을 끌어주고 밀어주는
추가 자료 4가지**

" 5분 집중 말하기 훈련 "

🎲 완벽한 확인 학습으로 문장 마스터!

🎲 교재, 음성 강의, MP3 학습 후 온라인 말하기 훈련 프로그램을
통해 문장 습득과 발음 정확도를 체크해보세요.

→ 파고다북스 홈페이지에서 학습할 수 있습니다.

" 5분톡 발음 클리닉 "

🎲 영어 발음 업그레이드 특훈!

🎲 파고다 베테랑 영어회화 선생님의 강의를 통해 한국인이
어려워하는 영어 발음만 모아 교정, 연습할 수 있습니다.

→ 파고다북스 홈페이지 또는 유튜브에서 '파고다 5분톡 발음 클리닉'을
검색하여 영상을 시청하세요.

((책 내용 미리 보기))

실력 점검!

해당 챕터를 학습하기에 앞서 각 Day의 한글 문장을 보고
영어로 말해보세요. 아직은 잘 모르겠다면, 박스에
체크를 하고 영어 문장을 확인하세요.
각 Day를 학습하고 나면 1초라도 망설임 없이
영어로 말할 수 있게 될 거에요!

해당 조동사를 사용한 주요 문장입니다.

어떤 상황에서 쓰일 수 있는지 달변가 영쌤의 친절한
설명을 읽어 보세요. 꼼꼼히 읽어 보고, 패턴을 익히세요.
저자 직강 데일리 음성 강의를 듣는 것도 잊지 마세요!

Step 1 문장 익히기

주어진 세 가지 상황에서 문장이 어
떻게 사용되는지 확인해보세요. 이번
에도 MP3 파일을 여러 번 들으면서
반복해서 따라 읽는 거 아시죠?

Step 2 입으로 말하기

앞에서 학습한 문장을 각각의
대화에 반영해서 연습해보세요.

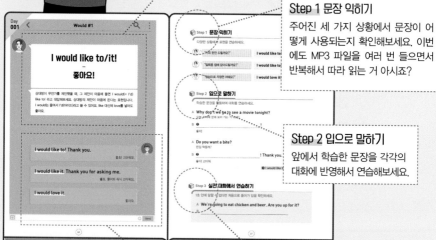

사용 빈도 높은 주요 세 문장

MP3 파일을 무한 반복 따라 읽으면서 입에서
자동으로 나올 때까지 연습합니다.

Step 3 실전 대화에서 연습하기

1초 안에 입이 트이지 않나요? 그럼 다시 왼쪽
페이지로 돌아가서 처음부터 다시 학습해보세요.
오늘 이 문장 하나는 완벽하게 마스터하자구요!

Chapter 학습이 끝나고, 복습의 시간입니다.

한글 문장을 보고 영어로 말해보세요. 1초 안에 입에서 문장이
튀어나오지 않는다면 해당 Day로 돌아가서 복습하세요.
반복에 반복에 반복! 반복해서 연습하는 것이 가장 중요한 거 아시죠?

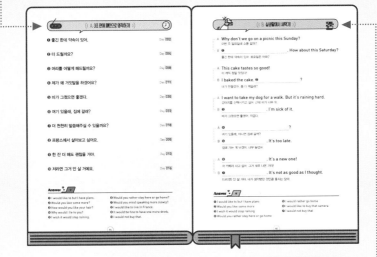

이제 정말 마지막입니다.

앞에서 학습했던 문장들이 실생활에서 어떻게
쓰이는지 말해보세요. 이 책을 마스터하고
나면 적어도 조동사를 활용한 100개의 문장은
마스터한거라구요!

파고다 5분톡 학습법

Step 1 교재의 영어 문장을 입으로 많이 (최소 10번) 반복해서 말하세요.

Step 2 저자 직강 데일리 음성 강의를 들으면서 의미와 표현을 이해하세요.

Step 3 교재 예문 MP3를 들으며 따라 말하세요.

Step 4 5분 집중 말하기 훈련을 활용해 영어를 듣고 따라 말하고,
우리말 뜻을 보고 영어로 바꿔 말하는 연습을 하세요.

((CONTENTS))

Chapter 1

Would

Chapter 4

Must

Chapter 5

Can

Chapter 1

Would

Would는 딱 한 단어 Imagination(상상)을 기억하세요. Would는 과거, 현재, 미래 상관 없이 다양하게 쓰일 수 있습니다. 또한, would는 공손한 뉘앙스도 가지고 있기 때문에 would를 사용하면 말이 더 정중해집니다.

Day
001
~
024

이번 Chapter에서는 Would를 학습해봅시다.
다음 우리말에 맞게 영어로 말해보세요. 1초라도 망설임이 있다면 체크 박스에 체크하세요!

I **would** like to/it!

I **would** like to but...

I **would** like a cup of coffee.

Would you like another drink?

I **would** like to say thank you.

Would you like to have lunch with me?

What **would** you like for lunch?

How **would** you like your steak?

Would you do me a favor?

I **would** say, 'Yes'.

Why **would** I say no?

Why **would** you do that?

It **would** be nice!

I thought it **would** be nice.

I knew it **would** be nice.

I **would** not do that.

I **would** play the guitar for her.

Would you mind speaking more slowly?

Would you mind if I ask your age?

I wish it **would** stop raining.

How wonderful it **would** be if I were living in Jeju.

I **would** rather go home.

Would you rather stay here or go home?

I **would** have done the same.

I would like to/it!
—
좋아요!

상대방이 무언가를 제안했을 때, 그 제안이 마음에 들면 I would(= I'd) like to! 라고 대답해보세요. 상대방의 제안이 마음에 든다는 표현입니다. I would는 줄여서 I'd(아이드)라고 쓸 수 있어요. like 대신에 love를 넣어도 좋아요.

I would like to! Thank you.

좋죠! 고마워요.

I would like it. Thank you for asking me.

좋죠. 물어봐 줘서 고마워요.

I would love it.

좋아요.

 Send

🎲 Step 1 문장 익히기

다양한 상황에서 표현을 연습하세요.

🧑 "커피 한잔 드릴까요?" — **I would like to!** 👩

🧑 "일회용 컵에 담아드릴까요?" — **I would like to!** 👩

🧑 "점심으로 자장면 어때요?" — **I would love it!** 👩

🎲 Step 2 입으로 말하기

학습한 문장을 활용하여 대화를 연습하세요.

A **Why don't we go to see a movie tonight?**
오늘 저녁에 영화 보러 가는 거 어때?

B ❶ _____ !
좋지!

A **Do you want a bite?**
한입 먹을래?

B ❷ _____ ! Thank you.
좋아! 고마워.

❶ I would like to ❷ I would love to

🎲 Step 3 실전 대화에서 연습하기

1초 안에 말할 수 없다면 처음으로 돌아가 답을 확인하세요.

A **We're going to eat chicken and beer. Are you up for it?**

B _____

I would like to but...
—
좋긴 한데...

상대방의 제안에 바로 No! 하며 거절하는 게 아닌 '아쉬움'을 보여주면서 부드럽게 거절하는 표현입니다. but을 '버어어엇'이라고 끌면서 말하면 아쉬운 마음을 더 강하게 표현할 수 있어요.

I would like to but I have plans.

좋긴 한데 약속이 있어.

I would like to but I'm already booked.

좋긴 한데 이미 약속이 잡혔어.

I would like to but I have no time.

좋긴 한데 시간이 없어.

  Send

🎲 Step 1 문장 익히기

다양한 상황에서 표현을 연습하세요.

"오늘 저녁 같이 먹을까?"   **I would like to but** I have plans.

"내일 데이트 할래요?"   **I would like to but** I'm already booked.

"조금만 더 놀다 가!"   **I would like to but** I have no time.

🎲 Step 2 입으로 말하기

학습한 문장을 활용하여 대화를 연습하세요.

A   Why don't we grab a beer together?
같이 맥주 한잔할까?

B   ❶ _____ I have plans.

좋긴 한데 약속 있어.

A   Can you give me a hand?
나 좀 도와줄 수 있니?

B   ❷ _____ I have to leave now.

그러고 싶은데 지금 가봐야 해.

❶ I would like to but   ❷ I would like to but

🎲 Step 3 실전 대화에서 연습하기

1초 안에 말할 수 없다면 처음으로 돌아가 답을 확인하세요.

A   Do you want to eat chicken and beer today?

B   _____

I would like a cup of coffee.

—

커피를 주세요.

want 원하다 대신에 쓸 수 있는 정중한 표현입니다. 카페나 식당에서 주문할 때 많이 쓸 수 있고, 일상 대화에서도 많이 쓰입니다.

I would like this.

이걸로 할게요. / 이걸 원해요.

I would like an iced Americano.

아이스 아메리카노로 할래요.

I would like a blue one.

파란색 (제품)으로 주세요.

다양한 상황에서 표현을 연습하세요.

"음료는 뭐로 하시겠어요?"   **I would like** a cup of coffee.

"어떤 색이 맘에 드시나요?"   **I would like** a blue one.

"어떤 걸로 하시겠어요?"   **I would like** this.

Step 2 **입으로 말하기**

학습한 문장을 활용하여 대화를 연습하세요.

A **May I take your order?**
주문하시겠어요?

B ❶ _____ a taco, mild sauce on the side.
마일드 소스 따로 뺀 타코 하나 주세요.

A **Which do you like more? Black or blue?**
어떤 게 더 마음에 들어? 검은색 아니면 파란색?

B ❷ _____ a blue one.
파란색이 좋아요.

❶ I would like   ❷ I would like

Step 3 **실전 대화에서 연습하기**

1초 안에 말할 수 없다면 처음으로 돌아가 답을 확인하세요.

A **May I take your order?**

B _____

Would you like another drink?

한 잔 더 하시겠어요?

Would you like를 쓰면 Do you want보다 더 정중하고 격식 있게 질문할 수 있습니다. 비즈니스 미팅이나 고객을 상대할 때 많이 쓰이는 표현입니다.

Would you like some tissues?

휴지 드릴까요?

Would you like some more?

더 드릴까요?

Would you like a window seat?

창가 자리로 해드릴까요?

🎲 Step 1 문장 익히기

다양한 상황에서 표현을 연습하세요.

"이 음료 맛있네요."	**Would you like** another drink?
"여기 좀 닦아야겠어."	**Would you like** some tissues?
"자리를 선택할 수 있을까요?"	**Would you like** a window seat?

🎲 Step 2 입으로 말하기

학습한 문장을 활용하여 대화를 연습하세요.

A You look thirsty. ❶ _____ some water?
목말라 보여요. 물 좀 드시겠어요?

B Oh please, that's so kind of you.
좋아요. 정말 친절하시네요.

A ❷ _____ a window seat?
창가 자리로 드릴까요?

B I'd like an aisle seat, please.
통로 쪽 자리로 주세요.

❶ Would you like ❷ Would you like

🎲 Step 3 실전 대화에서 연습하기

1초 안에 말할 수 없다면 처음으로 돌아가 답을 확인하세요.

A _____

B I'd like a cup of water instead of coffee.

I would like to say thank you.

—

고맙다고 말하고 싶어요.

would like 뒤에 'to + 동사'를 붙이면 '하고 싶은 동작'을 말할 수 있습니다. 상상의 의미를 내포하고 있어 어떤 바람을 표현하거나 정중하게 내 생각을 말할 때 쓰입니다. 여러분들의 말의 품격을 높여보세요.

I would like to live in France.

프랑스에서 살아보고 싶어요. (상상)

I would like to go on a trip to Busan.

부산으로 여행가고 싶어요. (바람)

I would like to hear your idea.

당신의 생각을 들어보고 싶어요. (정중)

🎲 Step 1 **문장 익히기**

다양한 상황에서 표현을 연습하세요.

 "휴가 때 뭐 하고 싶으세요?" **I would like to go** on a trip to Busan.

 "버킷리스트가 뭐예요?" **I would like to live** in France.

"어떻게 할까요?" **I would like to hear** your idea.

🎲 Step 2 **입으로 말하기**

학습한 문장을 활용하여 대화를 연습하세요.

A **What do you want to do before you die?**
죽기 전에 해보고 싶은 게 있나요?

B ❶ _____ live in France. That's one of my dreams.
프랑스에서 살아보고 싶어요. 제 꿈 중 하나예요.

A **What should we do?**
저희 어떻게 할까요?

B **What do you think of it?** ❷ _____ hear your idea.
너는 어떻게 생각하는데? 네 의견을 들어보고 싶어.

❶ I would like to　❷ I would like to

🎲 Step 3 **실전 대화에서 연습하기**

1초 안에 말할 수 없다면 처음으로 돌아가 답을 확인하세요.

A _____

B **You're welcome. I'm happy to help.**

Would you like to have lunch with me?

—

저랑 점심 함께하실래요?

Would you like to로 질문하면 아주 정중하게 상대방의 의향을 물어볼 수 있습니다. 데이트를 신청할 때, Would you like to have lunch with me? 라고 할 수 있어요. 혹은, 전화 도중에 정중하게 Would you like to leave a message? 메시지 남기시겠어요? 라고 할 수도 있습니다. 마음에 드는 사람에게 용기 내어 다가가서 말해보세요! Would you like to have lunch with me?

Would you like to see a movie tonight?

오늘 밤에 영화 보러 가실래요?

Would you like to go for a drive?

드라이브 가실래요?

Would you like to leave a message?

메시지 남기시겠어요?

  Send

🎲 Step 1 문장 익히기

다양한 상황에서 표현을 연습하세요.

(평소 눈여겨보던 남자에게)

Would you like to have lunch with me?

(드라이브하기 딱 좋은 날씨에)

Would you like to go for a drive?

(부재중인 동료의 전화를 대신 받았을 때)

Would you like to leave a message?

🎲 Step 2 입으로 말하기

학습한 문장을 활용하여 대화를 연습하세요.

A **What a nice weather! The sky is so blue.**
날씨 너무 좋다! 하늘이 진짜 파래.

B **It's a perfect day to drive! ❶_____ go for a drive?**
드라이브하기 딱 좋은 날이네! 드라이브 갈까?

A **❷_____ leave a message?**
메시지 남겨드릴까요?

B **Please tell him to call me back.**
저한테 전화해달라고 말해주세요.

❶ Would you like to ❷ Would you like to

🎲 Step 3 실전 대화에서 연습하기

1초 안에 말할 수 없다면 처음으로 돌아가 답을 확인하세요.

A _____

B **I'd love to but I'm already booked up.**

What would you like for lunch?
—
점심으로 무엇을 드시겠어요?

점심으로 뭘 먹고 싶은지 물어보는 정중한 표현입니다. 레스토랑에서 많이 들을 수 있는 표현이에요. for 뒤에 다른 단어를 쓰면, 그 단어와 관련하여 무엇을 원하는지 말할 수 있습니다. 생일인 친구에게 물어보세요. What would you like for your birthday?

What would you like for Christmas?

크리스마스 선물로 받고 싶은 게 뭐예요?

What would you like for dessert?

디저트로 무엇을 드시고 싶으세요?

What would you like for your birthday?

생일 선물로 뭐 받고 싶어요?

⊕ ☺ Send

🎲 Step 1 문장 익히기

다양한 상황에서 표현을 연습하세요.

(음식 주문을 받고 나서) | **What would you like for** dessert?

(크리스마스를 앞두고) | **What would you like for** Christmas?

(애인의 생일이 다가올 때) | **What would you like for** your birthday?

🎲 Step 2 입으로 말하기

학습한 문장을 활용하여 대화를 연습하세요.

A ❶ _____ lunch?
점심으로 무엇을 드시고 싶어세요?

B How about Chinese food?
중국 음식은 어때요?

A ❷ _____ your birthday?
생일 선물로 뭐 받고 싶어?

B I'd like a new computer!
새 컴퓨터를 받고 싶어요!

❶ What would you like for　❷ What would you like for

🎲 Step 3 실전 대화에서 연습하기

1초 안에 말할 수 없다면 처음으로 돌아가 답을 확인하세요.

A _____

B I feel like Sushi today.

29

How would you like your steak?

―

스테이크 굽기는 어떻게 해드릴까요?

How would you like는 식당에서 들어볼 만한 표현입니다. 스테이크나 계란을 어떻게 하는 게 좋을지 정중하게 물어볼 때 사용할 수 있습니다.

스테이크	rare 거의 안 구운 medium 적당히 구운 well-done 바싹 구운	
계란	sunny-side up 한쪽만 익힌	scrambled 스크램블드(풀어 익힌)
	hard-boiled 완숙한	soft-boiled 반숙한
	poached 데친	fried 프라이드, 부친

6:55 PM

How would you like to pay?

계산은 어떻게 하시겠어요?

How would you like your eggs?

계란은 어떻게 해드릴까요?

How would you like your hair?

머리를 어떻게 해드릴까요?

Send

Step 1 문장 익히기

다양한 상황에서 표현을 연습하세요.

| (스테이크를 주문한 고객에게) | **How would you like** your steak? | |

| (계산서를 가져온 고객에게) | **How would you like** to pay? | |

| (계란을 주문한 고객에게) | **How would you like** your eggs? | |

 Step 2 입으로 말하기

학습한 문장을 활용하여 대화를 연습하세요.

A ❶ _____ your toast?
토스트는 어떻게 해드릴까요?

B Without cabbage, please.
양배추는 빼주세요.

A ❷ _____ your hair?
머리 어떻게 해드릴까요?

B I'd like to get a trim.
다듬어주세요.

❶ How would you like ❷ How would you like

Step 3 실전 대화에서 연습하기

1초 안에 말할 수 없다면 처음으로 돌아가 답을 확인하세요.

A _____

B I'd like my steak medium, please.

Would you do me a favor?

부탁 좀 드려도 될까요?

Would you는 상대방의 의사를 정중하게 물어볼 때 사용합니다. 의사를 물어보는 것이기에 도움을 요청할 때나 부탁을 할 때도 쓸 수 있습니다. 도움을 요청할 때 Would you do me a favor? 를 써보세요!

Would you be my girlfriend?

내 여자 친구가 되어줄래?

Would you please come with us?

우리와 함께 가주시겠습니까?

Would you come to pick me up?

데리러 와줄 수 있나요?

  Send

🎲 Step 1 문장 익히기

다양한 상황에서 표현을 연습하세요.

(짝사랑하던 사람 앞에서) **Would you** be my girlfriend?

(형사가 용의자 앞에서) **Would you** please come with us?

(밖에 비가 많이 올 때) **Would you** come to pick me up?

🎲 Step 2 입으로 말하기

학습한 문장을 활용하여 대화를 연습하세요.

A It's pouring outside. ❶ _____ come to pick me up?

밖에 비가 엄청나게 내려요. 데리러 와줄 수 있어요?

B Where are you now? I'll come pick you up.

지금 어디야? 데리러 갈게.

A ❷ _____ please be quiet?

조용히 해주시겠어요?

B Oops, sorry! I didn't know it was loud.

앗, 죄송해요! 시끄러운 줄 몰랐어요.

❶ Would you ❷ Would you

🎲 Step 3 실전 대화에서 연습하기

1초 안에 말할 수 없다면 처음으로 돌아가 답을 확인하세요.

A _____

B Certainly. What do you need?

I would say, 'Yes'.
—
그렇다고 말씀 드릴게요.

I would say는 굳이 한국말로 하자면, '제 생각에는'으로 표현될 수 있습니다. 인터뷰에서 '~라고 말씀드리고 싶네요', '~라고 생각합니다'라고 자신의 의견을 말할 때 쓸 수 있습니다.

I would say this is better.

이게 더 낫다고 생각해요.

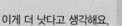

I would say he is the best.

그가 최고라고 말씀드리고 싶네요.

I would say it's possible.

가능하다고 봅니다.

🎲 Step 1 문장 익히기

다양한 상황에서 표현을 연습하세요.

"주식이 더 오를까요?"	**I would say,** 'Yes'.
"둘 중 뭐가 더 괜찮아요?"	**I would say** this is better.
"성공할 수 있을까요?"	**I would say** it's possible.

🎲 Step 2 입으로 말하기

학습한 문장을 활용하여 대화를 연습하세요.

A **Can we make it?**
우리가 해낼 수 있을까요?

B ❶ _____ **it's possible.**
가능하다고 봐요.

A **What class do you think is the best?**
어떤 수업이 최고라고 생각하나요?

B ❷ _____ **his class is the best.**
그의 수업이 최고라고 말씀드리고 싶네요.

❶ I would say ❷ I would say

🎲 Step 3 실전 대화에서 연습하기

1초 안에 말할 수 없다면 처음으로 돌아가 답을 확인하세요.

A **Do you think things get better?**

B _____

Why would I say no?
—
제가 왜 아니라고 하겠어요?
('아니요' 라고 말할 이유가 없죠.)

Why would I 는 '제가 그럴 이유가 없죠.'라는 의미를 전달할 때 쓰입니다.
Why would I lie to you? 제가 왜 거짓말을 하겠어요? 는 확신을 갖고 말
할 때 사용해요. 때로는 거짓말이면서도 말을 얼버무릴 때 쓰기도 합니다.
Why would I cheat on you?처럼요.

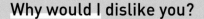

Why would I lie to you?

제가 왜 거짓말을 하겠어요? (거짓말 아닙니다.)

Why would I dislike you?

내가 왜 너를 싫어하겠어? (싫어하지 않아요.)

Why would I cheat on you?

내가 왜 바람을 피우겠어?

 Send

🎲 Step 1 문장 익히기

다양한 상황에서 표현을 연습하세요.

"네가 날 싫어하는 거 같아."	**Why would I** dislike you?
"거짓말하는 거 아니죠?"	No. **Why would I** lie to you?
"너 바람 피우고 있지?"	**Why would I** cheat on you?

🎲 Step 2 입으로 말하기

학습한 문장을 활용하여 대화를 연습하세요.

A **It feels like you don't like me.**
네가 나 안 좋아하는 것 같은 기분이야.

B **No! ❶** _____ **dislike you? That's not true.**
아니야! 내가 왜 너를 안 좋아하겠어? 그건 사실이 아니야.

A **Don't lie to me! I don't believe you!**
거짓말하지 마! 나 너 안 믿어!

B **❷** _____ **lie to you? Trust me!**
내가 왜 거짓말하겠어? 날 믿어줘!

❶ Why would I   ❷ Why would I

🎲 Step 3 실전 대화에서 연습하기

1초 안에 말할 수 없다면 처음으로 돌아가 답을 확인하세요.

A **Why don't we go on a trip to the beach tomorrow?**

B _____

Why would you do that?

—

왜 그러는 거예요? (왜 그랬어요?)

Why would you do that? 은 상대방이 어떤 행동을 한 이유가 궁금할 때
씁니다. 정말 궁금할 때도 있지만 때로는 아쉬움 섞인 책망이 되기도 하죠.
Why did you do that? 이랑 비슷하게 쓰이기도 합니다. 왜 그랬던 거야?
Why would you do that?

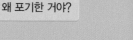

Why would you give up?

왜 포기한 거야?

Why would you do this to me?

저한테 왜 이러시는 거예요?

Why would you say that?

왜 그런 말을 했어요?

🎲 Step 1 문장 익히기

다양한 상황에서 표현을 연습하세요.

(거의 다 했는데 포기한 친구에게) **Why would you** give up?

(내게 못되게 구는 친구에게) **Why would you** do this to me?

(내게 헤어지자는 애인에게) **Why would you** say that?

🎲 Step 2 입으로 말하기

학습한 문장을 활용하여 대화를 연습하세요.

A Tell me. ❶ _____ do this to me?

말해봐요. 저한테 왜 이러시는 거예요?

B Because you humiliated me.

왜냐하면 넌 나에게 모욕감을 줬어.

A It's over. I want to *split up with you.

다 끝났어. 너랑 헤어지고 싶어.

*split up with ~와 헤어지다

B ❷ _____ say that?

왜 그렇게 말을 해?

❶ Why would you ❷ Why would you

🎲 Step 3 실전 대화에서 연습하기

1초 안에 말할 수 없다면 처음으로 돌아가 답을 확인하세요.

A _____

B Because I thought you would like it.

It would be nice!
—
멋질 거예요!

It would be는 어떤 조건에 따라 그렇게 될 것 같다고 말할 때 사용합니다. '생각해보니 그럴 수 있겠다'는 느낌입니다. 떡볶이에 치즈 추가해서 먹자고요? That would be nice!

It would be fine.

괜찮을 거야.

It would be fine to have one more drink.

한 잔 더 해도 괜찮을 거야.

It would be so sad to live without you.

너 없이 살면 정말 슬플 것 같아.

 Send

🎲 Step 1 문장 익히기

다양한 상황에서 표현을 연습하세요.

"괜찮을까? 걱정되네."

It would be fine.

"한 잔 더 해도 괜찮을까?"

It would be fine to have one more drink.

"나 없이 살 수 있겠어?"

It would be so sad to live without you.

🎲 Step 2 입으로 말하기

학습한 문장을 활용하여 대화를 연습하세요.

A If tomorrow was a holiday, how wonderful it would be.
내일이 휴일이면 얼마나 좋을까.

B ❶ _____ nice.

그거 좋겠는데.

A Don't leave me. It would be so sad to live without you.
날 떠나지 마. 너 없이 살면 정말 슬플 것 같아.

B ❷ _____ terrible. I'll never leave you.

끔찍할 거야. 나 절대 안 떠나.

❶ That would be ❷ It would be

🎲 Step 3 실전 대화에서 연습하기

1초 안에 말할 수 없다면 처음으로 돌아가 답을 확인하세요.

A Do you want to add some extra cheese on spaghetti?

B _____

I thought it would be nice.
—
멋질 줄 알았는데.

Day 013에서 배운 It would be 앞에 I thought를 붙이면 '그럴 줄 알았는데 그렇지 않았다.'라고 쓸 수 있습니다. 내 예측이 벗어났을 때 쓸 수 있는 표현입니다.

I thought it would be fun.

재미있을 줄 알았는데. (실제로는 재미없음)

I thought it would be difficult.

어려울 줄 알았지. (실제로는 어렵지 않음)

I thought it would be boring.

지루할 줄 알았더니. (실제로는 지루하지 않음)

 Send

🎲 Step 1 문장 익히기

다양한 상황에서 표현을 연습하세요.

"영화가 재미없네."   Right, **I thought it would be** fun.

"시험 쉽지 않았어?"   It was easy. **I thought it would be** difficult.

"파티 너무 재미있다!"   It is! **I thought it would be** boring.

🎲 Step 2 입으로 말하기

학습한 문장을 활용하여 대화를 연습하세요.

A ❶ _____ fun.

재미있을 줄 알았는데.

B You're right. It's not fun at all.

맞아. 전혀 재미있지 않네.

A The party was really boring.

파티 진짜 지루했어.

B What a shame! ❷ _____ amazing.

유감이야! 진짜 굉장할 거라 생각했는데.

❶ I thought it would be   ❷ I thought it would be

🎲 Step 3 실전 대화에서 연습하기

1초 안에 말할 수 없다면 처음으로 돌아가 답을 확인하세요.

A How was the movie?

B _____

I knew it would be nice.
－
멋질 줄 알고 있었어.

It would be 앞에 I knew가 붙으면 이미 그럴 걸 예상했다는 표현입니다. '내 그럴 줄 알았다.'라는 뉘앙스로 쓰입니다. 많이 들으면 스트레스 받을 표현이네요.

I knew it would be fun.

재미있을 줄 알고 있었지. (실제로 재미있었음)

I knew it would be boring.

지루할 줄 알았다. (실제로 지루함)

I knew it wouldn't be good.

별로일 줄 알았다. (실제로 별로임)

🎲 Step 1 문장 익히기

다양한 상황에서 표현을 연습하세요.

"영화가 재미없네."	**I knew it would be** boring.
"생각보다 맛이 없네."	**I knew it wouldn't be** good.
"파티 너무 재미있다!"	**I knew it would be** fun.

🎲 Step 2 입으로 말하기

학습한 문장을 활용하여 대화를 연습하세요.

A **She is fine now! I'm so happy.**
그녀는 이제 괜찮아! 진짜 행복해.

B ❶ _____ fine! Good for her.
그녀가 괜찮아질 줄 알았지! 잘됐다.

A **I thought it would be fun.**
재미있을 줄 알았는데.

B ❷ _____ fun. Let's go home.
난 재미없을 줄 알았어. 집에 가자.

❶ I knew she would be   ❷ I knew it wouldn't be

🎲 Step 3 실전 대화에서 연습하기

1초 안에 말할 수 없다면 처음으로 돌아가 답을 확인하세요.

A **This place is really cool!**

B _____

45

I would not do that.
—
(저라면) 안 할 거예요.

I would not(I wouldn't)은 '나라면 안 할 것이다'라는 뜻으로 조언을 할 때 쓰입니다. 상대방이 하고 싶어 하는 어떤 일이 나한테는 내키지 않는다면 이렇게 표현해보세요.

I would not go there.

저라면 안 갈 거예요.

I would not buy that.

저라면 그거 안 살 거예요.

I would not take the class.

저라면 그 수업 안 들을 거예요.

🎲 Step 1 문장 익히기

다양한 상황에서 표현을 연습하세요.

"오늘 파티 가는 게 좋을까?"	**I would not** go there.
"그 수업 들을까 하는데."	**I would not** take the class.
"이 신발 사려는데 어때?"	**I would not** buy that.

🎲 Step 2 입으로 말하기

학습한 문장을 활용하여 대화를 연습하세요.

A I'm going to buy this!

이거 살 거야!

B ❶ _____ buy it. It's too expensive.

나라면 안 사겠어. 너무 비싸.

A What do you think of his class?

그의 수업 어때?

B ❷ _____ take the class.

저라면 그 수업 안 듣겠어요.

❶ I would not ❷ I would not

🎲 Step 3 실전 대화에서 연습하기

1초 안에 말할 수 없다면 처음으로 돌아가 답을 확인하세요.

A Should I text her now?

B _____

I would play the guitar for her.

—

그녀를 위해 기타를 치곤 했어요.

과거에 자주 했던 행동을 회상할 때 would를 사용해서 말할 수 있습니다. 같은 표현으로 used to가 있습니다. 직장 상사가 이렇게 얘기할지도 모르겠네요. I would work for 12 hours! 말의 앞뒤 맥락에 따라 과거의 일임을 알 수 있습니다.

I would work for 12 hours!

나는 12시간씩 일했었어!

We would swim in the ocean together.

우리는 바다에서 함께 헤엄치곤 했어요.

My mom would cook soybean soup for me.

엄마는 나를 위해 된장국을 해 주시곤 했어요.

🎲 Step 1 문장 익히기

다양한 상황에서 표현을 연습하세요.

(어린 시절 얘기를 하며)

My mom would cook soybean soup for me.

(일과 삶의 균형이 중요하다는 직원에게)

I would work for 12 hours!

(첫사랑 얘기를 하며)

We would swim in the ocean together.

🎲 Step 2 입으로 말하기

학습한 문장을 활용하여 대화를 연습하세요.

A When I was your age, ❶ _____ work for 12 hours.

내가 네 나이 땐 12시간씩 일하곤 했지.

B Now times have changed. Work and life balance is more important.

이제는 시대가 변했어요. 일과 삶의 균형이 더 중요해요.

A You swim really well! Did you learn swimming?

너 수영 정말 잘한다! 수영 배웠어?

B I lived near an ocean. So, ❷ _____ swim in the ocean every morning.

난 바다 근처에 살았어. 그래서, 매일 아침 바다에서 헤엄치곤 했어.

❶ I would ❷ I would

🎲 Step 3 실전 대화에서 연습하기

1초 안에 말할 수 없다면 처음으로 돌아가 답을 확인하세요.

A _____

B That must've been really romantic.

Would you mind speaking more slowly?

—

더 천천히 말씀해주실 수 있을까요?

정중한 부탁을 할 때 쓰이는 말로 말의 품격을 높이기 위해서 반드시 알아야 하는 패턴입니다. mind는 원래 '신경 쓰다'라는 뜻이 있어요. Would you mind하면 '신경 쓰일까요?'하고 물어보는 표현입니다. 말을 빠르게 하는 친구의 마음이 상하지 않게 물어보세요!

Would you mind taking a picture of me?

저의 사진을 찍어주실 수 있나요?

Would you mind walking more slowly?

조금 더 천천히 걸어도 괜찮을까요?

Would you mind turning off the air conditioner?

에어컨 꺼주실 수 있으세요?

  Send

🎲 Step 1 문장 익히기

다양한 상황에서 표현을 연습하세요.

(혼자 여행 중 사진 부탁을 할 때)

Would you mind taking a picture of me?

(친구가 너무 빨리 걸을 때)

Would you mind walking more slowly?

(방 안이 추울 때)

Would you mind turning off the air conditioner?

🎲 Step 2 입으로 말하기

학습한 문장을 활용하여 대화를 연습하세요.

A ❶ _____ picking me up at the grocery store?

마트로 데리러 와줄 수 있어?

B *Not at all. I will come pick you up.

물론이지. 데리러 갈게.　*Would you mind 질문의 답변에 not을 붙이면 긍정의 답변이 됩니다.

A ❷ _____ turning down the music?

음악 소리 줄여주실 수 있나요?

B Oops, I'm sorry! I turned it down.

앗, 죄송해요! 줄였어요.

❶ Would you mind　❷ Would you mind

🎲 Step 3 실전 대화에서 연습하기

1초 안에 말할 수 없다면 처음으로 돌아가 답을 확인하세요.

A _____

B Of course not! I'll speak slowly.

Would you mind if I ask your age?

—

당신의 나이를 물어봐도 괜찮을까요?

Day 018에서 학습한 Would you mind가 '상대방'의 행동에 대한 것이라면, Would you mind if I는 '나'의 행동을 허락 받을 때 쓰는 표현입니다. '~해도 괜찮을까요?'로 자연스럽게 해석할 수 있습니다. 외국에서 나이를 물어볼 때, 이렇게 쓰면 상대방도 기분 좋게 대답해줄 거예요. Would you mind if I ask your age?

Would you mind if I borrow some money?

돈을 좀 빌릴 수 있을까?

Would you mind if I air out the room?

환기 좀 시켜도 괜찮을까요?

Would you mind if I ask you out?

데이트 신청해도 괜찮을까요?

 Send

🎲 Step 1 문장 익히기

다양한 상황에서 표현을 연습하세요.

(돈이 모자라는 상황에서) **Would you mind if I** borrow some money?

(실내 공기가 답답할 때) **Would you mind if I** air out the room?

(짝사랑하던 그에게) **Would you mind if I** ask you out?

🎲 Step 2 입으로 말하기

학습한 문장을 활용하여 대화를 연습하세요.

A Why did you *break up with her?
그녀랑 왜 헤어졌어?   *break up with ~와 헤어지다

B ❶ _____ don't answer that?
그 질문에 대답하지 않아도 될까?

A I feel stuffy. ❷ _____ air out the room?
공기가 답답하네요. 환기 좀 시켜도 될까요?

B *No, I wouldn't. That's a good idea.
그럼요. 좋은 생각이에요.   *Would you mind 질문에 No로 대답하면 긍정의 답변이 됩니다.

❶ Would you mind if I ❷ Would you mind if I

🎲 Step 3 실전 대화에서 연습하기

1초 안에 말할 수 없다면 처음으로 돌아가 답을 확인하세요.

A _____

B If you don't mind, I don't want to tell you my age.

I wish it would stop raining.

—

비가 그쳤으면 좋겠다.

I wish는 어떤 일이 일어나기를 바라지만, 그렇지 않을 것을 알기에 불평하는 뉘앙스가 있습니다. 여행을 가려고 준비한 당일! 비가 아주 세차게 오고, 그칠 기미가 보이지 않을 때 이렇게 말합니다. I wish it would stop raining!

I wish he would stop complaining.

그가 불평 좀 그만했으면 좋겠다.

I wish you would hurry up.

네가 서두르면 좋겠다.

I wish somebody would give me some money.

누가 나에게 돈 좀 주면 좋겠다.

Send

🎲 Step 1 문장 익히기

다양한 상황에서 표현을 연습하세요.

"그는 불평이 너무 많아."

I wish he would stop complaining.

"저 옷 못 사서 어떡해."

I wish somebody would give me some money.

"아직 나갈 준비 중이야."

I wish you would hurry up.

🎲 Step 2 입으로 말하기

학습한 문장을 활용하여 대화를 연습하세요.

A I have a crush on her. ❶_____ she would ask me out.

그녀에게 반했어. 그녀가 내게 데이트 신청하면 좋겠다.

B *Why don't you ask her out then?

그러면 네가 데이트 신청하는 건 어때?   *Why don't ~? ~하는 게 어때?

A The last bus has left.

마지막 차편이 끊겼다.

B I'm too tired. ❷_____ someone would drive me home.

너무 피곤하다. 누가 나 좀 집까지 차로 데려다줬으면 좋겠다.

❶ I wish   ❷ I wish

🎲 Step 3 실전 대화에서 연습하기

1초 안에 말할 수 없다면 처음으로 돌아가 답을 확인하세요.

A It will rain until next week.

B _____

How wonderful it would be if I were living in Jeju.

—

내가 제주도에 산다면 얼마나 좋을까.

would를 이용하여 '그런 일이 있다면 좋겠다'라고 표현할 수 있습니다. '얼마나 좋을까'라고 말할 때는 How wonderful it would be를 쓸 수 있습니다. 뒤에는 if를 사용해서 내가 바라는 상황을 말합니다. 제주도 푸른 바다를 상상하며 말해보세요. How wonderful it would be if I were living in Jeju.

How wonderful it would be if I had my own house.

내 집이 있다면 얼마나 좋을까.

How wonderful it would be if I could go on a trip.

여행 갈 수 있으면 얼마나 좋을까.

How wonderful it would be if we were together right now.

우리가 지금 함께 있다면 얼마나 좋을까.

 Send

🎲 Step 1 문장 익히기

다양한 상황에서 표현을 연습하세요.

"너 이번에도 바빠서 여행 못 간다며?"

How wonderful it would be if I could go on a trip.

"또 이사 가야 해?"

How wonderful it would be if I had my own house.

"너무 보고 싶어."

How wonderful it would be if we were together right now.

🎲 Step 2 입으로 말하기

학습한 문장을 활용하여 대화를 연습하세요.

A ❶ _____ I*won the lottery.

복권에 당첨되면 얼마나 좋을까.   *win the lottery 복권에 당첨되다

B What would you like to do if you won the lottery?

복권에 당첨되면 무엇을 하고 싶은데?

A ❷ _____ I could speak English fluently.

영어를 유창하게 구사할 수 있으면 얼마나 좋을까.

B You're already doing well!

너 이미 잘하고 있잖아!

❶ How wonderful it would be if ❷ How wonderful it would be if

🎲 Step 3 실전 대화에서 연습하기

1초 안에 말할 수 없다면 처음으로 돌아가 답을 확인하세요.

A I'd like to move into Jeju Island.

B Me, too. _____

I would rather go home.
—
집에 가는 게 낫겠어.

두 개 이상의 선택지 중 더 나은 것을 선택할 때 would rather를 사용하여 말합니다. 이는 줄여서 I'd rather로 표현할 수 있습니다. 집에 갈까요, 아니면 더 있을까요? I'd rather go home! 선택하지 않은 선택지 앞에는 than 을 붙여줄 수 있습니다.

I would rather take a bus.

버스 타는 게 낫겠어.

I would rather have salad than steak.

스테이크보단 샐러드를 먹는 게 낫겠어.

I would rather stay home than go out.

나가는 것보다 집에 있는 게 낫겠어.

 Send

🎲 Step 1 문장 익히기

다양한 상황에서 표현을 연습하세요.

"버스 탈까? 택시 탈까?"

I would rather take a bus.

"스테이크 먹을래, 샐러드 먹을래?"

I would rather have salad than steak.

"밖에 나갈래?"

I would rather stay home than go out.

🎲 Step 2 입으로 말하기

학습한 문장을 활용하여 대화를 연습하세요.

A **Do you want to go out for breakfast?**
아침 먹으러 나갈래?

B ❶ _____ sleep more. I have no appetite.
난 더 자는 게 낫겠어. 입맛이 없어.

A **You can have either salmon salad or beef steak.**
연어 샐러드나 소고기 스테이크를 먹을 수 있어.

B ❷ _____ have salad than beef steak.
그럼 소고기 스테이크보다는 연어 샐러드를 먹는 게 낫겠어.

❶ I would rather ❷ I would rather

🎲 Step 3 실전 대화에서 연습하기

1초 안에 말할 수 없다면 처음으로 돌아가 답을 확인하세요.

A **Do you want to stay longer?**

B _____

Would you rather stay here or go home?
—
여기 있을래, 집에 갈래?

앞에서 배운 would rather의 의문문 형태입니다. 보통 이 질문은 두 개의 선택지 중 어떤 것이 더 좋은지 물어볼 때 사용합니다. 슬슬 집에 갈 시간인데요. Would you rather stay here or go home?

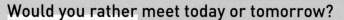

Would you rather have tea or coffee?

차 마실래, 커피 마실래?

Would you rather meet today or tomorrow?

오늘 볼까, 내일 볼까?

Would you rather take a bus or walk?

버스 탈래, 아니면 걸을래?

🎲 Step 1 문장 익히기

다양한 상황에서 표현을 연습하세요.

(데이트 약속을 잡으며)

Would you rather meet today or tomorrow?

(집에 놀러 온 친구에게)

Would you rather have tea or coffee?

(버스가 너무 안 올 때)

Would you rather take a bus or walk?

🎲 Step 2 입으로 말하기

학습한 문장을 활용하여 대화를 연습하세요.

A ❶ _____ see a movie or go to a singing room?

영화 보러 갈까, 아니면 노래방 갈까?

B Neither. Why don't we go on a picnic?

둘 다 별로야. 소풍 가는 건 어때?

A ❷ _____ meet this weekend or next weekend?

이번 주말에 만날래, 다음 주말에 만날래?

B Why don't we meet this weekend?

이번 주말에 만나는 거 어때?

❶ Would you rather　❷ Would you rather

🎲 Step 3 실전 대화에서 연습하기

1초 안에 말할 수 없다면 처음으로 돌아가 답을 확인하세요.

A _____

B I'd rather stay here than go home.

I would have done the same.
—
나도 똑같이 그랬을 거야.

would have p.p.(= would've p.p.)는 이미 지나간 일을 이야기할 때 씁니다. 과거의 어떤 상황을 가정하여 이랬을 거라는 상상을 말해줄 수 있죠. 이런 식으로 말이죠. 내가 너였다면 나도 똑같이 그랬을 거야. I would've done the same.

I would've helped you.
내가 도와줬을 텐데. (네가 만약 그때 물어봤더라면)

You would've enjoyed the party.
넌 파티를 즐겼을거야. (네가 만약 파티에 갔다면)

She would've said 'yes'.
그녀가 '좋아요'라고 말했을 텐데. (네가 만약 돈을 빌려달라고 했다면)

Send

Step 1 문장 익히기

다양한 상황에서 표현을 연습하세요.

"네가 있었다면 날 도왔을까?"   **I would've helped** you.

"파티에 갈 걸 그랬나?"   **You would've enjoyed** the party.

"그녀한테 데이트 신청 결국 안 했어."   **She would've said** 'yes'!

Step 2 입으로 말하기

학습한 문장을 활용하여 대화를 연습하세요.

A **Why didn't you come to the party? ❶** _____
enjoyed the party.
왜 파티에 안 왔어? 파티에서 즐거운 시간 보냈을 텐데.

B **I really wanted to go. What a shame.**
진짜 가고 싶었어. 아쉬워라.

A **I couldn't finish the job.**
일을 끝낼 수가 없었어.

B **Why didn't you ask me? ❷** _____ **helped you.**
왜 나한테 안 물어봤어? 내가 도와줬을 텐데.

❶ You would have   ❷ I would have

Step 3 실전 대화에서 연습하기

1초 안에 말할 수 없다면 처음으로 돌아가 답을 확인하세요.

A **I broke up with him. Did I make the right decision?**

B _____

((A. 3초 만에 패턴으로 영작하기!))

❶ 좋긴 한데 약속이 있어.

Day **002**

❷ 더 드릴까요?

Day **004**

❸ 머리를 어떻게 해드릴까요?

Day **008**

❹ 제가 왜 거짓말을 하겠어요?

Day **011**

❺ 비가 그쳤으면 좋겠다.

Day **020**

❻ 여기 있을래, 집에 갈래?

Day **023**

❼ 더 천천히 말씀해주실 수 있을까요?

Day **018**

❽ 프랑스에서 살아보고 싶어요.

Day **005**

❾ 한 잔 더 해도 괜찮을 거야.

Day **013**

❿ 저라면 그거 안 살 거예요.

Day **016**

Answer ♥

❶ I would like to but I have plans.
❷ Would you like some more?
❸ How would you like your hair?
❹ Why would I lie to you?
❺ I wish it would stop raining.

❻ Would you rather stay here or go home?
❼ Would you mind speaking more slowly?
❽ I would like to live in France.
❾ It would be fine to have one more drink.
❿ I would not buy that.

A **Why don't we go on a picnic this Sunday?**
이번 주 일요일에 소풍 갈까?

B ❶ _____ . How about this Saturday?
좋긴 한데 약속이 있어. 토요일은 어때?

A **This cake tastes so good!**
이 케익 정말 맛있다!

B **I baked the cake.** ❷ _____ ?
내가 만들었어. 좀 더 먹을래?

A **I want to take my dog for a walk. But it's raining hard.**
강아지를 산책시키고 싶어. 근데 비가 너무 와.

B ❸ _____ . **I'm sick of it.**
비가 그쳤으면 좋겠어. 지겹다.

A ❹ _____ ?
여기 있을래, 아니면 집에 갈까?

B ❺ _____ . **It's too late.**
집에 가는 게 낫겠어. 너무 늦었어.

A ❻ _____ . **It's a new one!**
저 카메라 사고 싶어. 그거 새로 나온 거야!

B ❼ _____ . **It's not as good as I thought.**
(나라면) 안 살 거야. 내가 생각했던 것만큼 좋지는 않아.

Answer

❶ I would like to but I have plans
❷ Would you like some more
❸ I wish it would stop raining
❹ Would you rather stay here or go home
❺ I would rather go home
❻ I would like to buy that camera
❼ I would not buy that

Chapter ②

Could

Could를 한 단어로 표현하자면 Possibility(가능성)입니다. Could는 Can의 과거 형 태로 많이 알고 있지만, 그보다는 정중하게 허락을 구하거나 부탁, 요청할 때 사용됩니다. Can보다 확신은 떨어지지만, 무언가를 할 수 있다고 말할 때도 사용할 수 있습니다. Could는 문맥에 따라 현재의 느낌도, 과거의 느낌도 줄 수 있습니다. 제안의 의미로도 사용할 수 있기 때문에 Would처럼 활용도가 높습니다.

Day
025
~
042

이번 Chapter에서는 Could를 학습해봅시다.
다음 우리말에 맞게 영어로 말해보세요. 1초라도 망설임이 있다면 체크 박스에 체크하세요!

I **could** see the ocean.

Could I speak to Mr. Old?

Could you drive me home?

Do you think you **could** help me out?

It **could** be worse.

What **could** be wrong?

It **could**n't be better!

I **could** sleep for a month.

We **could** see a movie.

I **could** never imagine buying a house.

How **could** you do that?

How **could** you not tell me about that?

I **could**n't help it.

I **could**n't possibly say that.

You **could**n't possibly lose your wallet.

I wish I **could** speak English fluently.

I **could** have done it!

I **could**n't have done it without you.

I could see the ocean.
—
바다를 볼 수 있었어.

Could는 과거의 어떤 상황에서 할 수 있었던 일을 말할 때 써줄 수 있습니다. 여러분이 여행을 갔을 때, 바다 전망이 보이는 방을 예약했습니다. 창 밖으로 바다를 볼 수 있었어요. I could see the ocean!

I could buy some fruit cheaply.

과일을 싸게 살 수 있었어.

We could smell the flowers.

꽃 내음을 맡을 수 있었어.

I couldn't eat anything yesterday.

어제 아무것도 먹을 수 없었어.

Send

🎲 Step 1 문장 익히기

다양한 상황에서 표현을 연습하세요.

🧑	"아까 보니까 꽃 많이 폈더라."	Yes, **I could** smell the flowers. 👦
🧑	"시장에서 뭐 사왔어?"	**I could** buy some fruit cheaply. 👦
🧑	"어제 아팠다며, 괜찮아?"	**I could**n't eat anything yesterday. 👦

🎲 Step 2 입으로 말하기

학습한 문장을 활용하여 대화를 연습하세요.

A Did you see the sun rise this morning?
오늘 아침에 일출 봤어?

B Yes, ❶ ＿＿＿＿＿＿ see the sun rise in my room. It was fabulous.
응, 내 방에서 일출을 볼 수 있었어. 정말 멋지더라.

A I went hiking in the mountain yesterday. ❷ ＿＿＿＿＿＿ feel fresh air.
어제 등산 다녀왔어. 신선한 공기를 느낄 수 있었어.

B You must've had a good time.
좋은 시간 보냈겠구나.

❶ I could   ❷ I could

🎲 Step 3 실전 대화에서 연습하기

1초 안에 말할 수 없다면 처음으로 돌아가 답을 확인하세요.

A What was so special about the hotel room?

B ＿＿＿＿＿＿＿＿＿＿＿＿＿＿＿＿＿＿

Could I speak to Mr. Old?

—

올드 씨를 바꿔주실 수 있나요?

Could도 Can처럼 허락을 구할 때, 요청이나 부탁을 할 때 쓸 수 있습니다.
Could가 더 정중한 표현이며 식당, 카페에서도 많이 쓸 수 있습니다.

Could I have some more sauce?

소스 좀 더 주실 수 있나요?

Could I get a refund on this?

이 제품 환불받을 수 있을까요?

Could I see your ID card?

신분증을 볼 수 있을까요?

   Send

Step 1 문장 익히기

다양한 상황에서 표현을 연습하세요.

"맥주 두 캔 주세요."   **Could I** see your ID card?

"무엇을 도와드릴까요?"   **Could I** get a refund on this?

"더 필요한 거 있으신가요?"   **Could I** have some more sauce?

Step 2 입으로 말하기

학습한 문장을 활용하여 대화를 연습하세요.

A Hello. This is Mina speaking.

여보세요. 미나입니다.

B Hello. It's Kim. ❶ _____ speak to Mr. Old?

안녕하세요. 저는 김이에요. 올드 씨 바꿔주실 수 있나요?

A ❷ _____ *get a refund on this shirt?

이 셔츠 환불받을 수 있을까요?   *get a refund 환불받다

B Of course. Could I see the receipt?

물론이죠. 영수증 좀 볼 수 있을까요?

❶ Could I   ❷ Could I

Step 3 실전 대화에서 연습하기

1초 안에 말할 수 없다면 처음으로 돌아가 답을 확인하세요.

A _____

B Sure, I'll put him on the phone. Give me a second.

Could you drive me home?
—
집까지 태워다 주실 수 있나요?

앞에서 배운 Could I와 마찬가지로 상대방에게 부탁하는 표현입니다.
Could I 만큼이나 많이 쓰이는 패턴이니 꼭 입에 붙도록 연습해보세요!

Could you pass me the menu?

메뉴판 좀 건네주실 수 있나요?

Could you speak a little slowly, please?

말을 조금만 천천히 해주실 수 있나요?

Could you spell your name again?

성함의 철자를 다시 말씀해주실 수 있나요?

🎲 Step 1 문장 익히기

다양한 상황에서 표현을 연습하세요.

(말이 너무 빨라 안 들릴 때)

Could you speak a little slowly, please?

(메뉴판이 멀리 있을 때)

Could you pass me the menu?

(이름을 받아 적을 때)

Could you spell your name again?

🎲 Step 2 입으로 말하기

학습한 문장을 활용하여 대화를 연습하세요.

A ❶ _____ pass me the menu?

메뉴판 좀 건네주실 수 있나요?

B Here you are.

여기요.

A ❷ _____ *spell your name again?

성함의 철자를 다시 말씀해주실 수 있나요?   *spell one's name 이름 철자를 말하다

B My name is Young. Y.O.U.N.G Young.

제 이름은 Young이에요. Y.O.U.N.G Young이요.

❶ Could you ❷ Could you

🎲 Step 3 실전 대화에서 연습하기

1초 안에 말할 수 없다면 처음으로 돌아가 답을 확인하세요.

A _____

B Why not? Get in the car. I'll drop you off.

Do you think you could help me out?

—

저를 도와주실 수 있나요?

Do you think를 I could나 you could 앞에 붙이면, Could I나 Could you처럼 상대방에게 정중하게 요청하는 표현입니다. Do you think가 들어간다고 '당신은 생각하나요?'라고 꼭 해석할 필요는 없습니다. 도움을 요청하며 물어보세요. Do you think you could help me out?

Do you think I could borrow your notes?

노트 좀 빌릴 수 있을까요?

Do you think you could give me a discount?

할인해주실 수 있을까요?

Do you think you could wake me up?

저 깨워주실 수 있으세요?

🎲 Step 1 문장 익히기

다양한 상황에서 표현을 연습하세요.

(필기를 다 못했을 때)

Do you think I could borrow your notes?

(흥정할 때)

Do you think you could give me a discount?

(아침에 일찍 일어나야 할 때)

Do you think you could wake me up?

🎲 Step 2 입으로 말하기

학습한 문장을 활용하여 대화를 연습하세요.

A **It will be $40.**
40달러입니다.

B ❶ _____ **give me a discount?**

할인해주실 수 있을까요?

A **Can you go home alone?**
혼자 집에 갈 수 있어요?

B **It's too late.** ❷ _____ *take me home?

시간이 너무 늦었네요. 저 좀 집에 데려다 주실 수 있을까요? *take 사람 home 집으로 데려다 주다

❶ Do you think you could ❷ Do you think you could

🎲 Step 3 실전 대화에서 연습하기

1초 안에 말할 수 없다면 처음으로 돌아가 답을 확인하세요.

A _____

B **Of course. What can I do for you?**

It could be worse.

—

다행이네요.
(상황이 더 안 좋아질 수 있었는데, 이만하길 다행!)

could에는 possibility(가능성)의 의미가 있습니다. 어떤 일이 발생할 수 있는 가능성을 말하고 싶을 때, 우리는 could를 사용합니다. 불행 중 다행이라고 말하고 싶다면 이렇게 말해보세요. It could be worse.

It could be dangerous.

위험할 수 있어요. (조심하세요.)

It could be easier.

더 쉬울 수도 있어요.

It could be fun.

재미있을 수도 있어요.

  Send

🎲 Step 1 문장 익히기

다양한 상황에서 표현을 연습하세요.

"이 벌레는 뭐지?" **Don't touch! It could be dangerous.**

"혼자서 할 수 있을까?" **It could be easier.**

"영어 공부 지루하지 않을까?" **It could be fun.**

🎲 Step 2 입으로 말하기

학습한 문장을 활용하여 대화를 연습하세요.

A I've never seen this mushroom.
이 버섯은 처음 봐.

B ❶ _____ dangerous. Don't touch it.
위험할 수 있어. 건드리지 마.

A I don't think English is fun to study.
영어 공부가 재밌다고 생각하지 않아.

B ❷ _____ fun. Why don't you study with your favorite American dramas?
재밌을 수 있어. 너가 가장 좋아하는 미국 드라마로 공부해보는 건 어때?

❶ It could be   ❷ It could be

🎲 Step 3 실전 대화에서 연습하기

1초 안에 말할 수 없다면 처음으로 돌아가 답을 확인하세요.

A Thankfully, it's not raining. It's cloudy, though.
B You're right. _____

What could be wrong?
—
잘못될 게 뭐가 있겠어?

What could는 '그럴 일은 없을 거야'라고 말하고 싶을 때 쓸 수 있습니다. '별일 있겠어?'의 뉘앙스를 이렇게 전달할 수 있습니다. What could be wrong?

What could be worse?

더 나빠질 게 뭐가 있겠어? (지금보다 더 나빠질 것도 없어.)

What could be better?

이보다 더 좋을 수 있을까? (지금 너무 좋다.)

What could be more important?

무엇이 더 중요한데? (이것보다 더 중요한 건 없어.)

🎲 Step 1 문장 익히기

다양한 상황에서 표현을 연습하세요.

"정말 퇴사해도 괜찮을까?"

Sure, **what could** be wrong?

"맛있는 음식, 좋은 음악, 좋은 사람까지!"

What could be better?

"내가 제일 소중해?"

What could be more important?

🎲 Step 2 입으로 말하기

학습한 문장을 활용하여 대화를 연습하세요.

A Should I try again?
한번 더 시도해볼까?

B ❶ _____ be worse? Just give it a shot!
더 나빠질 게 뭐가 있겠어? 그냥 해봐!

A Such an amazing vacation.
진짜 멋진 휴가야.

B You're right. ❷ _____ be better? I'm really happy.
맞아. 이보다 더 좋을 게 뭐가 있겠어? 정말 행복하다.

❶ What could ❷ What could

🎲 Step 3 실전 대화에서 연습하기

1초 안에 말할 수 없다면 처음으로 돌아가 답을 확인하세요.

A What if it goes wrong? I'm worried about it.

B _____? Don't worry.

It couldn't be better!

—

이보다 더 나을 순 없어!

It couldn't와 비교급 표현을 함께 쓰면 그것 이상 그럴 가능성이 없다고 확신을 가지고 말하는 표현이 됩니다. It couldn't be better는 이보다 더 나을 가능성이 없기에 이게 최고라는 뜻입니다. How are you? 처럼 안부를 묻는 질문에 It couldn't be better! 이라 하면 최고로 좋다고 말하는 것이죠.

I couldn't agree with you more!

정말 공감해! (이보다 더 공감할 순 없어!)

It couldn't be any more boring.

진짜 지루해. (이보다 더 지루할 순 없어.)

You couldn't be more right!

네가 무조건 옳아! (이보다 더 옳을 순 없어!)

 Send

Step 1 문장 익히기

다양한 상황에서 표현을 연습하세요.

 "그 배우는 정말 최고야!" **I couldn't** agree with you more!

 "파티는 어때? 잘 놀고 있어?" **It couldn't** be any more boring.

"이게 옳은 일일까?" **You couldn't** be more right.

Step 2 입으로 말하기

학습한 문장을 활용하여 대화를 연습하세요.

A **This kitten is so cute!**
이 아기 고양이 너무 귀엽다!

B **Aww... ❶ _____ be cuter!**
아... 이보다 더 귀여울 순 없어! (너무 귀여워!)

A **I think a good relationship is the key to happiness.**
좋은 인간관계가 행복의 열쇠라 생각해.

B **❷ _____ agree with you more.**
정말 공감해. (이보다 더 공감할 순 없어.)

❶ It couldn't   ❷ I couldn't

Step 3 실전 대화에서 연습하기

1초 안에 말할 수 없다면 처음으로 돌아가 답을 확인하세요.

A **Hey, how's it going?**

B _____

I could sleep for a month.

—

한 달 내내 잘 수도 있어.
(과장&허풍)

could는 과장을 좋아하는 사람들의 단어이기도 합니다. '~할 수도 있지'의 뉘앙스를 could가 정확하게 전달합니다. 시험 기간에 정말 너무 졸릴 때 이렇게 표현해보세요. I could sleep for a month.

I could eat a horse.

엄청 배고파! (말 한 마리도 먹을 수 있어.)

I could do whatever you want!

너가 원하는 건 뭐든 다 해줄 수 있어!

I could dance all day and all night!

밤낮없이 춤출 수 있어!

🎲 Step 1 **문장 익히기**

다양한 상황에서 표현을 연습하세요.

"너 진짜 피곤해 보이는데?"

Right. **I could** sleep for a month.

"이제 저녁 먹으러 가볼까?"

Hurry up! **I could** eat a horse!

"뭐든지 다 해줄 수 있어?"

Of course. **I could** do whatever you want!

🎲 Step 2 **입으로 말하기**

학습한 문장을 활용하여 대화를 연습하세요.

A Could you do something for me?
나 좀 도와줄 수 있어?

B Of course. ❶ _____ do whatever you want!

당연하지. 네가 원하는 건 뭐든 다 할 수 있어!

A ❷ _____ date anyone I want!

내가 원하는 사람은 누구든 사귈 수 있어!

B Haven't you slept well last night?
어제 잘 못 잤어?

❶ I could ❷ I could

🎲 Step 3 **실전 대화에서 연습하기**

1초 안에 말할 수 없다면 처음으로 돌아가 답을 확인하세요.

A Finally, the project is done. We stayed up three nights.

B _____

We could see a movie.
—
영화 보러 갈 수도 있어. (제안)

could에는 제안과 추천의 의미가 있습니다. '오늘 데이트인데 뭐 할까?'라는 질문에 제안하거나 '뉴욕 여행에서 뭐 하면 좋아?'라는 질문에 추천할 때도 could를 쓸 수 있습니다.

We could have lunch at a fancy restaurant.

근사한 식당에서 점심을 먹을 수도 있어. (제안)

You could go to the Empire State Building.

엠파이어 스테이트 빌딩에 갈 수도 있어. (추천)

You could swim in the pool or rest in the room.

수영장에서 수영할 수도 있고, 방에서 쉴 수도 있어. (제안, 추천)

   Send

🎲 Step 1 문장 익히기

다양한 상황에서 표현을 연습하세요.

"영화 말고 다른 건 없어?"

We could have lunch at a fancy restaurant.

"뉴욕 가면 뭐 할 수 있어?"

You could go to the Empire State Building.

"이제 뭐 하면 돼?"

You could swim in the pool or rest in the room.

🎲 Step 2 입으로 말하기

학습한 문장을 활용하여 대화를 연습하세요.

A I love this hotel! What are we going to do?

나 이 호텔 좋아! 우리 이제 뭐 해?

B ❶ _____ swim in the pool or rest in the room.

수영장에서 수영할 수도 있고, 방에서 쉴 수도 있어.

A What should I do in New York? I've never been there.

뉴욕에서 뭘 해야 해? 거기 가본 적이 없어.

B ❷ _____ go to the Empire State Building! The building is famous.

엠파이어 스테이트 빌딩에 갈 수 있어. 그 빌딩이 유명해.

❶ We could ❷ You could

🎲 Step 3 실전 대화에서 연습하기

1초 안에 말할 수 없다면 처음으로 돌아가 답을 확인하세요.

A What are we going to do?

B _____

I could never imagine buying a house.

—

집을 사는 건 상상조차 할 수 없네.

could never imagine은 상상조차 할 수 없다는 표현입니다. 즉, 그런 일은 있을 수가 없다고 강조하는 말이죠. imagine 뒤에 오는 동사에는 -ing를 붙여주세요! 집 값이 얼마라고요?! Wow, I could never imagine buying a house!

I could never imagine that.

상상조차 되지 않는 걸.

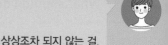

I could never imagine being apart from you.

너랑 헤어지는 것은 상상조차 할 수 없어.

I could never imagine living like that.

그렇게 사는 것은 상상조차 할 수 없어.

🎲 Step 1 문장 익히기

다양한 상황에서 표현을 연습하세요.

"우승하면 어떤 기분일까?"

Wow, **I could never imagine** that.

"내 옆에 평생 있을 거야?"

I could never imagine being apart from you.

"요즘 하루 13시간씩 일해."

I could never imagine living like that.

🎲 Step 2 입으로 말하기

학습한 문장을 활용하여 대화를 연습하세요.

A ❶ _____ being apart from you. I love you.
너랑 떨어져 사는 건 상상도 할 수 없어. 사랑해.

B Did you do something wrong?
뭐 잘못했어?

A How wonderful it would be if we won the game.
우리가 그 게임에서 이기면 얼마나 좋을까.

B Wow, ❷ _____ that.
우와, 상상조차 되지 않아.

❶ I could never imagine ❷ I could never imagine

🎲 Step 3 실전 대화에서 연습하기

1초 안에 말할 수 없다면 처음으로 돌아가 답을 확인하세요.

A It's insane. The house price is too high.

B _____

How could you do that?
—
어떻게 그럴 수가 있어?

상대방이 그런 행동을 한 것이 이해가 되지 않을 때, 상대방을 질책하는 어투로 많이 쓰는 표현입니다. 피자를 한 조각도 남기지 않은 친구들에게 말할 수 있습니다. How could you do that?

How could you finish the pizza?
어떻게 피자를 다 먹을 수가 있어?

How could you cheat on me?
어떻게 바람을 피울 수가 있어?

How could you say like that?
어떻게 그렇게 말할 수가 있어?

Send

🎲 Step 1 문장 익히기

다양한 상황에서 표현을 연습하세요.

(바람 피운 애인에게)	**How could you** cheat on me?
(싸우다 심한 말을 들으면)	**How could you** say like that?
(남아있는 피자가 없을 때)	**How could you** finish the pizza?

🎲 Step 2 입으로 말하기

학습한 문장을 활용하여 대화를 연습하세요.

A ❶ _____ finish the pizza? I really wanted some!
어떻게 피자를 다 먹을 수가 있어? 진짜 먹고 싶었다고!

B I'm terribly sorry! I couldn't help it.
정말 미안해! 어쩔 수 없었어.

A ❷ _____ *cheat on me? I believed in you.
어떻게 바람을 피울 수가 있어? 널 믿었는데.   *cheat on 사람 바람 피우다

B It's all my fault. But I didn't mean to!
다 내 잘못이야. 근데 일부러 그런 건 아니야!

❶ How could you ❷ How could you

🎲 Step 3 실전 대화에서 연습하기

1초 안에 말할 수 없다면 처음으로 돌아가 답을 확인하세요.

A _____

B What did I do?

How could you not tell me about that?

—

어떻게 나한테 말하지 않을 수가 있어?

How could you 뒤에 not을 붙이면 상대방이 하지 않은 일에 대해 질책하는 표현으로 쓸 수 있습니다. How could you not이 How couldn't you 보다 더 강조하는 느낌을 주기 때문에 주로 How could you not을 사용합니다.

How could you not buy me a present?

어떻게 나한테 선물을 사주지 않을 수가 있어?

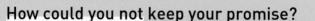

How could you not keep your promise?

어떻게 약속을 지키지 않을 수가 있어?

How could you not come to my birthday party?

어떻게 내 생일 파티에 오지 않을 수가 있어?

Send

Step 1 **문장 익히기**

다양한 상황에서 표현을 연습하세요.

(기념일 선물을 잊은 애인에게)

How could you not buy me a present?

(약속을 지키지 않은 친구에게)

How could you not keep your promise?

(생일 파티에 오지 않은 친구에게)

How could you not come to my birthday party?

Step 2 **입으로 말하기**

학습한 문장을 활용하여 대화를 연습하세요.

A **Yesterday was my birthday! ❶_____ buy me a present?**

어제 내 생일이었어! 어떻게 선물을 사주지 않을 수가 있어?

B **I totally forgot your birthday. I'll make it up to you.**

네 생일 완전히 깜빡했어. 내가 꼭 만회할게.

A **❷_____ tell me that you have a girlfriend?**

여자친구 있다고 왜 말 안 했어?

B **I'm so sorry. I didn't mean to lie to you.**

미안해. 거짓말하려던 건 아니었어.

❶ How could you not ❷ How could you not

Step 3 **실전 대화에서 연습하기**

1초 안에 말할 수 없다면 처음으로 돌아가 답을 확인하세요.

A _____

B **I thought you would be shocked. I'm sorry.**

I couldn't help it.

—

나도 어쩔 수 없었어.

아주 재미있는 패턴입니다. I couldn't help는 '도와줄 수가 없었어.'가 아니라 그 상황에서 내가 할 수 있는 게 없었다고 말하는 표현입니다. 너무 배가 고파서 동생이 숨겨 놓은 푸딩을 먹고 이렇게 말해보세요. I couldn't help eating the pudding! help 뒤에 동사가 오면 -ing 형태로 써주세요.

I couldn't help being shocked.

충격받지 않을 수 없었어. (충격 받음)

I couldn't help smiling.

미소 짓지 않을 수가 없던데. (미소 지었음)

I couldn't help drinking.

마시지 않을 수가 없었다. (마셨다는 말)

Send

Step 1 문장 익히기

다양한 상황에서 표현을 연습하세요.

 "아까 그 아기 고양이 봤어?"   **I did! I couldn't help** smiling.

 "그 영화 반전이었지?"   **I couldn't help** being shocked.

"어제 술 또 마셨어?"   **I couldn't help** drinking.

Step 2 입으로 말하기

학습한 문장을 활용하여 대화를 연습하세요.

A **Did you just see the kitten?**
방금 그 아기 고양이 봤어?

B **I did! It was so cute. ❶** _____ **smiling.**

봤어! 너무 귀엽더라. 미소 짓지 않을 수가 없던데.

A **❷** _____ **going out last weekend. The weather was so good.**

주말에 나가지 않을 수가 없더라. 날씨 너무 좋았어.

B **I couldn't agree with you more! Also, I went on a picnic.**
진짜 좋았지! 나도 소풍 갔었어.

❶ I couldn't help   ❷ I couldn't help

Step 3 실전 대화에서 연습하기

1초 안에 말할 수 없다면 처음으로 돌아가 답을 확인하세요.

A **Why would you do that?**

B _____

I couldn't possibly say that.

—

도저히 말할 수가 없었어.

couldn't possibly로 우리말 '도저히'를 표현할 수 있다는 사실을 아시나요? 할 수 없다는 표현을 강조해주는 표현입니다. 어른이 용돈을 주시면 "아, 괜찮아요! 이걸 어떻게 받아요!(I couldn't possibly take it!)"라고 했던 적이 있지 않으신가요?

I couldn't possibly take it!

도저히 받을 수가 없어요!

Oh, I couldn't possibly! I'm full.

오, 괜찮아요! 저 배불러요.

I couldn't possibly turn down the offer.

그 제안을 도저히 거절할 수 없었어.

다양한 상황에서 표현을 연습하세요.

"밥 더 줄까?"	No, I couldn't possibly. I'm full.
"이거 별 거 아닌데 받아."	I couldn't possibly take it.
"그 제안 승낙했어?"	I couldn't possibly turn down the offer.

🎲 Step 2 **입으로 말하기**

학습한 문장을 활용하여 대화를 연습하세요.

A You ate it all! Do you want more?

다 먹었네! 더 줄까?

B No, ❶ _____ . I'm full now.

아니에요, 괜찮아요. (도저히 더는 못 먹겠어요.) 지금 배불러요.

A Please take it. I really want you to have this.

이거 받으세요. 꼭 이거 가지셨으면 좋겠어요.

B ❷ _____ take it!

도저히 받을 수가 없어요!

❶ I couldn't possibly   ❷ I couldn't possibly

🎲 Step 3 **실전 대화에서 연습하기**

1초 안에 말할 수 없다면 처음으로 돌아가 답을 확인하세요.

A Did you say that to her honestly?

B _____

You couldn't possibly lose your wallet.

—

너 설마 지갑 잃어버린 건 아니지?

couldn't possibly 앞에 I가 붙어 '도저히'라고 표현했습니다. I 대신에 You 가 붙으면 '도저히' 보다 '~일 리가 없다', '설마'라고 표현할 수 있습니다. 계 산을 하려는 친구가 지갑이 없어 허둥지둥댈 때 말해보세요. You couldn't possibly lose your wallet.

You couldn't possibly think that's possible.

너 설마 그게 가능하다고 생각하는 거 아니지?

You couldn't possibly mean that.

너 설마 진심 아니지?

You couldn't possibly forget to bring my umbrella.

너 설마 내 우산 가져오는 거 깜빡한 거 아니지?

☺ Send

🎲 Step 1 문장 익히기

다양한 상황에서 표현을 연습하세요.

"주식에 내 전 재산을 투자할 거야."

You couldn't possibly mean that.

"6개월 만에 원어민처럼 될 수 있대!"

You couldn't possibly think that's possible.

"어! 지갑 어디 갔지?"

You couldn't possibly lose your wallet.

🎲 Step 2 입으로 말하기

학습한 문장을 활용하여 대화를 연습하세요.

A ❶ _____ forget to bring my umbrella.

너 설마 내 우산 가져오는 거 깜빡한 거 아니지?

B Sorry, *I'm always doing things like this.

미안해. 난 항상 이렇다니까.   *I'm always -ing 항상 ~한다

A They say we can speak English like a native in just 6 months.

6개월 만에 원어민처럼 영어할 수 있다고 했어.

B ❷ _____ believe that. That's not possible.

설마 믿는 거 아니지? 그건 불가능해.

❶ You couldn't possibly ❷ You couldn't possibly

🎲 Step 3 실전 대화에서 연습하기

1초 안에 말할 수 없다면 처음으로 돌아가 답을 확인하세요.

A My wallet is supposed to be in my pocket. But where is it?

B _____

I wish I could speak English fluently.

—

영어를 유창하게 할 수 있으면 좋겠다.

I wish I could는 아쉬움을 표현합니다. 그렇게 되면 좋겠지만, 지금 당장은 그렇게 되기 어려울 때 쓸 수 있습니다. 정말 희망한다기보다 그러지 못해 아쉬운 느낌이 더 강합니다! I wish I could speak English fluently. 라면 이 책이 그렇게 할 수 있게 도와줄게요. 조금만 힘내자고요!

I wish I could have a cat.

고양이를 키울 수 있으면 좋겠다.

I wish I could go traveling right now.

지금 당장 여행 갈 수 있으면 좋겠다.

I wish you could see this scenery.

이 풍경을 당신이 볼 수 있었으면 좋겠네요.

🎲 Step 1 문장 익히기

다양한 상황에서 표현을 연습하세요.

"우리 집 고양이 귀엽지?"

So cute! **I wish I could** have a cat.

(전화 통화 중) "거기 풍경은 어때요?"

I wish you could see this scenery. It's beautiful.

"언제 여행 갈 수 있을까?"

I wish I could go traveling right now.

🎲 Step 2 입으로 말하기

학습한 문장을 활용하여 대화를 연습하세요.

A Why don't we have dinner tonight?
오늘 저녁 같이 먹을까?

B ❶ _____. But I have to work.
그러면 좋겠는데. 오늘 일해야 해서.

A I'm sick of it. ❷ _____ go traveling right now.
지겹다. 지금 당장 여행 갈 수 있으면 좋겠어.

B That would be nice. How wonderful it would be.
그거 좋겠다. 얼마나 좋을까.

❶ I wish I could ❷ I wish I could

🎲 Step 3 실전 대화에서 연습하기

1초 안에 말할 수 없다면 처음으로 돌아가 답을 확인하세요.

A _____

B Your effort will pay off. Keep practicing speaking English!

I could have done it!
—
할 수 있었어! (= 안 했어.)

could have p.p.(= could've p.p.)의 속뜻은 I didn't. 안 했다 는 의미입니다. 당신이 분명히 할 수 있었지만 결과적으로 하지 않은 것입니다. 그래서 이런 말도 있습니다. Never say 'I could've done it.' because you didn't. 안 했으면서 '할 수 있었다'라고 말하지 마라. 하지 않았던 일에 대해 could've p.p.로 말해보세요.

I could have bought a car.

차 살 수 있었는데. (안 샀음)

I could have done that.

할 수 있었는데. (안 했음)

We could have won!

우리 이길 수 있었는데! (졌음)

🎲 Step 1 문장 익히기

다양한 상황에서 표현을 연습하세요.

"일 다 못 끝냈어."

You could have done that. Why didn't you?

"컴퓨터 샀어? 노트북 샀어?"

I could have bought both, but I bought a smart phone.

"아 너무 아쉽게 졌다."

We could have won! I'm so sad.

🎲 Step 2 입으로 말하기

학습한 문장을 활용하여 대화를 연습하세요.

A Where did you go for your vacation?
휴가 어디로 갔어?

B ❶ _____ gone to Spain but I went to Bali.
스페인 갈 수 있었는데. (안 가고) 발리로 갔어.

A ❷ _____ caught her. Why did you let her go?
그녀를 붙잡을 수 있었잖아. 왜 그냥 보냈어?

B I couldn't possibly catch her.
도저히 잡을 수가 없더라.

❶ I could have ❷ You could have

🎲 Step 3 실전 대화에서 연습하기

1초 안에 말할 수 없다면 처음으로 돌아가 답을 확인하세요.

A _____

B But why didn't you?

I couldn't have done it without you.

—

너 없이는 못 해냈을 거야.

could have p.p.의 부정은 did의 뜻을 가지고 있습니다. 나를 열심히 도와준 친구가 없었다면 이 일을 못 끝냈을 것입니다. 그런 고마운 친구에게 이렇게 말할 수 있겠죠. I couldn't have done it without you.

I couldn't have gotten a job without your help.

당신의 도움이 없었다면 일을 못 구했을 거예요. (일 구했음)

I couldn't have gone to Canada.

캐나다에 갈 수 없었을 거예요. (캐나다 갔음)

We couldn't have won without your support.

당신의 지지 없이는 승리할 수 없었을 거예요. (승리했음)

  Send

🎲 Step 1 문장 익히기

다양한 상황에서 표현을 연습하세요.

(나를 열심히 도와준 친구에게)

I couldn't have done it without you.

(이력서를 첨삭해준 친구에게)

I couldn't have gotten a job without your help.

(승리하고 나서 팬들에게)

I couldn't have won without your support.

🎲 Step 2 입으로 말하기

학습한 문장을 활용하여 대화를 연습하세요.

A **Finally, we finished the project!**
우리 프로젝트 드디어 끝났다!

B ❶ _____ finished without your help! Thanks.
네 도움 없이는 못 끝냈을 거야! 고마워.

A **Congratulations on your victory!**
승리한 거 축하해!

B ❷ _____ won without your support.
네 지지 없이는 이길 수 없었을 거야.

❶ I couldn't have ❷ I couldn't have

🎲 Step 3 실전 대화에서 연습하기

1초 안에 말할 수 없다면 처음으로 돌아가 답을 확인하세요.

A **You did it! Congrats!**

B _____

（（ A. 3초 만에 패턴으로 영작하기! ））

❶ 올드 씨를 바꿔주실 수 있나요?   Day **026**

❷ 성함의 철자를 다시 말씀해주실 수 있나요?   Day **027**

❸ 잘못될 게 뭐가 있겠어?   Day **030**

❹ 다행이네요.   Day **029**

❺ 정말 공감해.   Day **031**

❻ 근사한 식당에서 점심을 먹을 수도 있어.   Day **033**

❼ 어떻게 그럴 수가 있어?   Day **035**

❽ 미소 짓지 않을 수가 없던데.   Day **037**

❾ 너랑 헤어지는 것은 상상조차 할 수 없어.   Day **034**

❿ 스페인에 갈 수도 있었어.   Day **041**

Answer

❶ Could I speak to Mr. Old?
❷ Could you spell your name again?
❸ What could be wrong?
❹ It could be worse.
❺ I couldn't agree with you more.

❻ We could have lunch at a fancy restaurant.
❼ How could you do that?
❽ I couldn't help smiling.
❾ I could never imagine being apart from you.
❿ I could have gone to Spain.

A **How can I help you?**
무엇을 도와드릴까요?

B **❶** _____?
이 제품 환불받을 수 있을까요?

A **What should we do today?**
오늘 뭐 하는 게 좋을까?

B **❷** _____ or **❸** _____.
우리 고급 레스토랑 갈 수도 있고, 영화 보러 갈 수도 있어.

A **❹** _____? I believed you.
어떻게 그럴 수가 있어? 널 믿었는데.

B **❺** _____. I'm sorry.
나도 어쩔 수 없었어. 미안해.

A **I think surfing is really fun.**
내 생각에 서핑은 진짜 재미있는 거 같아.

B **❻** _____! It never disappoints me.
정말 공감해! 날 절대 실망시키지 않아.

A **❼** _____ but I went to Bali.
스페인에 갈 수도 있었는데 그냥 발리에 갔어.

B **You must have had a good time.**
좋은 시간 보냈겠다.

Answer

❶ Could I get a refund on this
❷ We could have lunch at a fancy restaurant
❸ we could see a movie
❹ How could you do that

❺ I couldn't help it
❻ I couldn't agree with you more
❼ I could have gone to Spain

Chapter 3

Should

Should는 right과 better 이 두 가지만 기억하세요. 어떤 행동을 하는 게 옳거나(right) 더 낫다고(better) 생각할 때 우리는 should를 씁니다. 강압적인 느낌보다는 더 나은 선택의 뉘앙스를 주기 때문에 실제 원어민들도 정말 많이 사용하는 표현이니 여러분들도 공부하는 게 should 하겠죠?

Day
043
~
054

이번 Chapter에서는 Should를 학습해봅시다.
다음 우리말에 맞게 영어로 말해보세요. 1초라도 망설임이 있다면 체크 박스에 체크하세요!

I **should** go now.

Maybe I **should** quit this job.

Should I wear a short-sleeved T-shirt?

What **should** I do for you?

What **should** I do to become a YouTuber?

You **should** put on a mask.

You **should**n't drink too much!

You **should**n't have!

Why **should** I do that?

It **should** be fine.

I **should** have studied English.

I **should**n't have said that.

I should go now.
—
지금 가는 게 좋겠어요.

should는 딱 두 가지만 기억하세요. right 옳은 그리고 better 더 나은입니다. should는 그렇게 하는 것이 옳고 좋을 때 사용하는 표현입니다. must나 have to보다 훨씬 부드러운 표현입니다. '~하는 게 옳아, ~하는 게 좋아'라고 해석하면 자연스럽게 쓸 수 있습니다. 주관적인 의견을 내보이는 느낌이기에 앞에 I think도 잘 붙는다는 것도 기억해주세요.

I should wear black today.

오늘은 검은색 옷을 입는 게 좋겠어.

I should wash my hands to eat this.

이거 먹으려면 손 닦아야겠다.

I should skip lunch.

점심을 거르는 게 좋겠어.

 Send

🎲 Step 1 문장 익히기

다양한 상황에서 표현을 연습하세요.

"오늘 어떻게 입을 거야?"	I think **I should** wear black today.
"점심 먹을까?"	**I should** skip lunch. I'm full now.
"간식 먹자."	**I should** wash my hands to eat this.

🎲 Step 2 입으로 말하기

학습한 문장을 활용하여 대화를 연습하세요.

A **We should wake up by at least 6 tomorrow morning.**
우리 내일 아침에 적어도 6시에는 일어나야 해.

B **Then ❶ _____ go to bed now. Good night.**
그럼 지금 자러 가야겠다. 잘 자.

A **❷ _____ eat something before the class. How about you?**
수업 전에 뭐 좀 먹어야겠어. 너는?

B **❸ _____ skip lunch. I'm full now.**
난 점심은 걸러야겠어. 아직 배불러.

❶ I should   ❷ I should   ❸ I should

🎲 Step 3 실전 대화에서 연습하기

1초 안에 말할 수 없다면 처음으로 돌아가 답을 확인하세요.

A _____

B **You will leave now? That's a shame.**

Maybe I should quit this job.

—

이 일을 그만둬야 할까 봐.

I should 앞에 maybe를 붙이면 '~할까 봐' 정도로 해석하고, 조심스럽게 자신의 생각을 표현할 때 사용할 수 있습니다. '그렇게 하는 게 좋지 않을까?'라는 의미로 사용할 수 있습니다.

Maybe I should study about economy.

경제 공부나 할까 봐.

Maybe I should take a day off today.

오늘 하루 쉬어야 할까 봐.

Maybe I should apologize to her first.

내가 먼저 그녀에게 사과할까 해.

 Send

🎲 Step 1 문장 익히기

다양한 상황에서 표현을 연습하세요.

 "돈 관리는 잘하고 있어?" **Maybe I should** study about economy.

 "아직도 상태 안 좋아?" Yes. **Maybe I should** take a day off today.

 "너네 화해했어?" **Maybe I should** apologize to her first.

🎲 Step 2 입으로 말하기

학습한 문장을 활용하여 대화를 연습하세요.

A ❶ _____ learn something new.
새로운 것을 배워야 할까 봐.

B What makes you think so?
왜 그런 생각을 하게 됐어?

A You look really bad. Are you okay?
너 되게 아파 보여. 괜찮아?

B I have a headache. ❷ _____ take a day off today.
두통이 있어. 오늘 일 쉬어야 할까 봐.

❶ Maybe I should ❷ Maybe I should

🎲 Step 3 실전 대화에서 연습하기

1초 안에 말할 수 없다면 처음으로 돌아가 답을 확인하세요.

A _____

B Why? What's going on?

Should I wear a short-sleeved T-shirt?

반팔을 입는 게 좋을까?

Should I는 고민이 많은 사람들이 자주 쓰는 패턴입니다. '이러는 게 좋을까?'하고 물어보고 싶을 때 사용할 수 있습니다. 날씨가 그리 추워 보이지 않네요. Should I wear a short-sleeved T-shirt?

Should I take an umbrella?

우산을 챙기는 게 좋을까?

Should I take medicine?

약 먹어야 할까?

Should I put on sunscreen?

자외선차단제 바르는 게 좋을까?

   Send

🎲 Step 1 문장 익히기

다양한 상황에서 표현을 연습하세요.

"밖에 구름 많이 끼어있다." **Should I** take an umbrella?

"바다 수영 하러 가자!" **Should I** put on sunscreen?

"계속 기침하네?" **Should I** take medicine?

🎲 Step 2 입으로 말하기

학습한 문장을 활용하여 대화를 연습하세요.

A ❶ _____ take an umbrella?

우산 챙기는 게 좋을까?

B It's likely to rain. You should!

비가 올 것 같아. 챙기는 게 좋겠어!

A I keep coughing. ❷ _____ take medicine?

계속 기침을 하네. 약을 먹어야 할까?

B I think you should go to see a doctor.

병원에 가보는 게 좋겠어.

❶ Should I   ❷ Should I

🎲 Step 3 실전 대화에서 연습하기

1초 안에 말할 수 없다면 처음으로 돌아가 답을 확인하세요.

A _____

B It's better to wear a long-sleeved T-shirt when you hike up mountains.

What should I do for you?

널 위해 내가 뭘 하는 게 좋을까?

What should I do는 '뭘 하는 게 좋을까?'라고 하면서 조언이나 추천을 받고 싶을 때 사용하는 표현입니다.

What should I do for your birthday?

네 생일에 뭘 해주는 게 좋을까?

What should I buy for the trip?

여행 준비로 뭘 사야 할까?

What should I do for my parents?

부모님을 위해 뭘 하는 게 좋을까?

Send

🎲 Step 1 문장 익히기

다양한 상황에서 표현을 연습하세요.

(이제 곧 생일인 친구에게) **What should I** do for your birthday?

(어버이날에) **What should I** do for my parents?

(여행 가기 전에) **What should I** buy for the trip?

🎲 Step 2 입으로 말하기

학습한 문장을 활용하여 대화를 연습하세요.

A It's my first trip abroad! ❶ _____ for the trip?

내 첫 해외 여행이야! 여행 준비로 뭘 사야 할까?

B Let's go shopping! I can help you.

쇼핑가자! 내가 도와줄게.

A ❷ _____ for my boyfriend's birthday?

남자친구 생일에 뭘 하면 좋을까?

B Why don't you go on a day trip?

당일치기로 여행 가는 건 어때?   *go on a day trip 당일치기 여행을 가다

❶ What should I buy ❷ What should I do

🎲 Step 3 실전 대화에서 연습하기

1초 안에 말할 수 없다면 처음으로 돌아가 답을 확인하세요.

A Can you help me out?

B _____

What should I do to become a YouTuber?

—

유튜버가 되기 위해선 뭘 해야 할까?

What should I do 뒤에 for가 오면, 어떤 대상이나 상황에 대해 이야기할 수 있지만, 'to+동사'를 붙이면 '~하기 위해서'로 목표하는 바를 나타낼 수 있습니다. 행복해지기 위해서 무엇을 해야 할까요? What should I do to be happy?

What should I do to speak English well?

영어를 잘하기 위해서는 무엇을 해야 할까?

What should I do to make her happy?

그녀를 행복하게 하기 위해서는 무엇을 해야 할까?

What should I do to prevent the virus?

바이러스를 예방하기 위해서는 무엇을 해야 할까?

 Send

Step 1 문장 익히기

다양한 상황에서 표현을 연습하세요.

(바이러스 예방 교육을 하며)

What should I do to prevent the virus?

(여자 친구 생일을 앞두고)

What should I do to make her happy?

(영어를 배우러 가서)

What should I do to speak English well?

Step 2 입으로 말하기

학습한 문장을 활용하여 대화를 연습하세요.

A ❶ _____ *make up with her?

그녀와 화해하기 위해 뭘 하면 좋을까?   *make up with ~와 화해하다

B You should sincerely apologize.

진심으로 사과하는 게 좋지.

A ❷ _____ prevent the virus?

바이러스 예방을 위해서 뭘 하는 게 좋을까?

B You should avoid crowded places.

사람이 많은 장소는 피하는 게 좋지.

❶ What should I do to   ❷ What should I do to

Step 3 실전 대화에서 연습하기

1초 안에 말할 수 없다면 처음으로 돌아가 답을 확인하세요.

A _____

B Just film a video and upload it!

You should put on a mask.
-
마스크를 착용하세요.

should를 you와 함께 쓰면 상대방에게 가벼운 충고나 조언을 할 수 있습니다. should 대신에 have to를 쓰면 꼭 그렇게 해야 하는 의무의 의미가 됩니다. 상대방에게 가볍게 충고해주고 싶을 때 말해보세요. You should put on a mask.

You should get enough sleep.

충분히 자는 게 좋아.

You should drink more water.

물을 더 마시는 게 좋아.

You should work out twice a week.

일주일에 두 번 운동하는 게 좋아.

  Send

🎲 Step 1 문장 익히기

다양한 상황에서 표현을 연습하세요.

"한 시간 밖에 안 잤어." **You should** get enough sleep.

"요새 운동을 안 하게 되네." **You should** work out twice a week.

"땀을 많이 흘렸네." **You should** drink more water.

🎲 Step 2 입으로 말하기

학습한 문장을 활용하여 대화를 연습하세요.

A I hardly got any sleep. I slept for about an hour.
잠을 거의 못 잤어. 한 시간 정도 잤어.

B ❶ _____ get enough sleep.
충분히 자는 게 좋아.

A What should I do to get a better job?
더 나은 일을 구하려면 무엇을 해야 할까?

B ❷ _____ study English for a better job.
영어 공부를 하는 게 좋지.

❶ You should ❷ You should

🎲 Step 3 실전 대화에서 연습하기

1초 안에 말할 수 없다면 처음으로 돌아가 답을 확인하세요.

A I'm going out for a walk.

B _____

You shouldn't drink too much!

―

술 너무 많이 마시면 안 돼요!

You shouldn't는 강제성이 강하지는 않지만 상대방이 꼭 하지 않았으면 좋겠다고 말해주는 충고 표현입니다. 의사 선생님이 가장 많이 쓰는 말이기도 합니다. You shouldn't drink too much.

You shouldn't come too late.

너무 늦게 들어오면 안 돼.

You shouldn't speak loudly in a library.

도서관에서 크게 말하면 안 돼.

You shouldn't judge people by their skin color.

피부색으로 사람을 판단하면 안 돼.

  Send

🎲 Step 1 문장 익히기

다양한 상황에서 표현을 연습하세요.

"저 사람 피부색 좀 봐."

You shouldn't judge people by their skin color.

(큰 소리로) "점심 먹으러 갈까?"

Shhhh. **You shouldn't** speak loudly in a library.

"아빠, 저 놀다가 올게요!"

You shouldn't come too late!

🎲 Step 2 입으로 말하기

학습한 문장을 활용하여 대화를 연습하세요.

A I'm an idiot. I ruined everything!
나는 멍청이야. 내가 다 망쳤어!

B ❶ _____ talk like that! It's not your fault.

그렇게 말하면 안 돼! 네 잘못이 아니야.

A ❷ _____ judge people by their skin color.

피부색으로 사람을 판단해서는 안 돼.

B *You can say that again.
정말 맞는 말이야.   *You can say that again. (공감하며) 정말 맞는 말이야.

❶ You shouldn't ❷ We shouldn't

🎲 Step 3 실전 대화에서 연습하기

1초 안에 말할 수 없다면 처음으로 돌아가 답을 확인하세요.

A Can I have one more drink?

B _____

You shouldn't have!
—
안 그래도 되는데!(= 왜 그랬어!)

You shouldn't have! 는 한국인 정서에 딱 맞는 표현입니다. 원래는 You shouldn't have done that! 하면서 '그렇게 하지 말지!'라는 뜻으로 사용되는 말입니다. 선물을 받거나 점심 대접을 받았을 때 흔하게 쓸 수 있는 표현입니다.

You got a gift for me? You shouldn't have!

내 선물 준비했다고? 안 그래도 되는데!

Did you pay for lunch? You shouldn't have!

이미 점심 값을 지불했다고? 안 그래도 되는데!

Is it for me? You shouldn't have!

이거 내 것이야? 그러지 않아도 되는데!

Send

🎲 Step 1 문장 익히기

다양한 상황에서 표현을 연습하세요.

"짠! 퇴사 기념 선물!"

You got a gift for me? **You shouldn't have!**

"이건 네 거야!"

Is it for me? **You shouldn't have!**

"내가 이미 계산했어."

Did you pay for lunch? **You shouldn't have.**

🎲 Step 2 입으로 말하기

학습한 문장을 활용하여 대화를 연습하세요.

A I got you a gift for your retirement!
네게 줄 퇴사 기념 선물 샀어!

B ❶ _____ ! I'm likely to cry.

그러지 않아도 되는데! 눈물 날 것 같아.

A It's on me. I paid for lunch already.
내가 쏠게. 이미 점심 값을 지불했어.

B ❷ _____ ! I was going to buy you lunch.

그러지 말지! 내가 점심 사려고 했는데.

❶ You shouldn't have ❷ You shouldn't have

🎲 Step 3 실전 대화에서 연습하기

1초 안에 말할 수 없다면 처음으로 돌아가 답을 확인하세요.

A This is for you!

B _____

Why should I do that?
—
그걸 내가 왜 해야 하는데?

Why should I로 질문을 시작하면 '내가 왜 그래야 하는데?'하면서 따질 수 있습니다. 정말 궁금해서 묻는 경우도 있지만, 어감에 따라 말싸움을 할 때 많이 쓰이는 표현입니다. 제가 그걸 왜 해야 하나요? Why should I do that?

Why should I apologize first?

제가 왜 먼저 사과해야 하나요?

Why should I believe you?

내가 왜 너를 믿어야 하지?

Why should I give up?

내가 왜 포기해야 하죠?

🎲 Step 1 문장 익히기

다양한 상황에서 표현을 연습하세요.

"그냥 네가 먼저 사과해!" **Why should I** apologize first?

"그냥 포기해 이제." **Why should I** give up?

"내 말 믿어봐." **Why should I** believe you?

🎲 Step 2 입으로 말하기

학습한 문장을 활용하여 대화를 연습하세요.

A Tell me where you have been!
어디 갔다 왔는지 말해!

B ❶ _____ tell you?
제가 왜 말해야 하죠?

A That's impossible. Just give up.
그거 불가능해. 포기해 그냥.

B ❷ _____ give up? I will make it.
제가 왜 포기해야 하죠? 전 해낼 거예요.

❶ Why should I ❷ Why should I

🎲 Step 3 실전 대화에서 연습하기

1초 안에 말할 수 없다면 처음으로 돌아가 답을 확인하세요.

A Even if it's not your fault, why don't you say sorry to her?

B _____

It should be fine.
—
이건 괜찮을 거야.

should에는 probable 그럴 것 같은 의 의미가 있습니다. could보다 더 확실한 가능성을 말할 때 사용합니다. 여러분이 산속을 돌아다니다가 아주 깨끗한 계곡을 발견했습니다. 이 계곡물을 마셔도 되냐고요? It should be fine!

It should be ready in 10 minutes.

10분이면 준비될 거야.

It should be delivered tomorrow.

내일 배송될 거예요.

It should be finished soon.

곧 끝날 거예요.

🎲 Step 1 문장 익히기

다양한 상황에서 표현을 연습하세요.

"언제 배송되나요?"
It should be delivered tomorrow.

"우리 저녁 언제 먹어?"
It should be ready in 10 minutes.

"이거 언제 끝나?"
It should be finished soon.

🎲 Step 2 입으로 말하기

학습한 문장을 활용하여 대화를 연습하세요.

A I ordered a gift for you. ❶ _____ delivered tomorrow.
널 위해 선물을 주문했어. 내일 도착할 거야.

B A gift? You shouldn't have!
선물? 안 그래도 되는데!

A I'm scared of injections.
주사 무서워요.

B Don't worry. ❷ _____ finished*before you know it.
걱정하지 마세요. 눈 깜짝할 새에 끝날 거예요.

*before you know it 눈 깜짝할 새에

❶ It should be ❷ It should be

🎲 Step 3 실전 대화에서 연습하기

1초 안에 말할 수 없다면 처음으로 돌아가 답을 확인하세요.

A Is it safe to drink this water?

B _____

I should have studied English.

—

영어 공부를 할 걸 그랬어.

should have p.p.(= should've p.p.)는 과거에 하지 않은 일에 대한 후회의 감정을 보여줍니다. 그 당시 그걸 하는 게 더 좋았겠지만, 결과적으로는 하지 않은 일을 말합니다. 나중에 이 말을 쓰지 않도록 하세요. I should've studied English.

I should have said, 'I love you mom.' a lot.

"엄마, 사랑해요."라고 많이 말했어야 했는데.

I should have gone to bed early yesterday.

어제 일찍 잘 걸 그랬어.

I should have bought the stocks!

그 주식을 살 걸 그랬어!

Send

🎲 Step 1 문장 익히기

다양한 상황에서 표현을 연습하세요.

"후회 되는 거 있어?"

I should have said 'I love you mom.' a lot.

"엄청 피곤해 보이네?"

I should have gone to bed early yesterday.

"주식 가격 많이 올랐네."

I should have bought the stocks.

🎲 Step 2 입으로 말하기

학습한 문장을 활용하여 대화를 연습하세요.

A **Why do you study English?**
영어 공부 왜 하는 거야?

B **I don't want to say "❶_____ studied English."**
later.
나중에 "영어 공부 할 걸."이라고 말하고 싶지 않아서.

A ❷_____ **gone to bed early last night.**

어제 일찍 잘 걸.

B **Why did you go to bed late?**
왜 늦게 잤어?

❶ I should have ❷ I should have

🎲 Step 3 실전 대화에서 연습하기

1초 안에 말할 수 없다면 처음으로 돌아가 답을 확인하세요.

A _____

B **It's not too late! You can start studying English from now on!**

I shouldn't have said that.

—

괜한 말을 했나 봐.
(그 말 하지 말걸 그랬어.)

shouldn't have p.p.는 과거에 이미 한 일에 대한 후회입니다. 우리도 모르게 할 수 있는 게 말실수입니다. '제가 괜한 말을 했나 봐요.'의 느낌을 shouldn't have p.p.가 정확히 살려줄 수 있습니다. I shouldn't have said that.

I shouldn't have eaten late-night snacks.

야식을 먹지 말 걸 그랬어.

I shouldn't have listened to you.

네 말을 듣는 게 아니었어.

I shouldn't have done that.

내가 괜한 짓을 했네. (그러지 말 걸 그랬어.)

 Send

🎲 Step 1 문장 익히기

다양한 상황에서 표현을 연습하세요.

"몸무게가 많이 늘었어?"

I shouldn't have eaten late-night snacks.

"주식 가격이 완전 떨어졌네."

I shouldn't have listened to you.

"왜 그랬던 거야."

I'm sorry. **I shouldn't have done** that.

🎲 Step 2 입으로 말하기

학습한 문장을 활용하여 대화를 연습하세요.

A I *have a hangover. ❶ _____ drunk so much.

나 숙취야. 술 많이 마시지 말 걸 그랬어.   *have a hangover 숙취 있다

B You should get some rest.

너 쉬는 게 좋겠다.

A How was the movie?

영화 어땠어?

B ❷ _____ watched it. It was not fun.

보지 말 걸 그랬어. 재미없더라.

❶ I shouldn't have ❷ I shouldn't have

🎲 Step 3 실전 대화에서 연습하기

1초 안에 말할 수 없다면 처음으로 돌아가 답을 확인하세요.

A Excuse me? What did you say?

B _____

((A. 3초 만에 패턴으로 영작하기!))

❶ 술 너무 많이 마시면 안 돼요!　　　　　　　　　　　　Day **049**

❷ 네 생일에 뭘 해주는 게 좋을까?　　　　　　　　　　Day **046**

❸ 점심을 거르는 게 좋겠어.　　　　　　　　　　　　Day **043**

❹ 이 일을 그만둬야 할까 봐.　　　　　　　　　　　Day **044**

❺ 그녀를 행복하게 하기 위해서는 무엇을 해야 할까?　　Day **047**

❻ 10분이면 준비될 거야.　　　　　　　　　　　　Day **052**

❼ 영어 공부를 할 걸 그랬어.　　　　　　　　　　Day **053**

❽ 안 그래도 되는데!　　　　　　　　　　　　　Day **050**

❾ 괜한 말을 했나 봐.　　　　　　　　　　　　Day **054**

❿ 내가 왜 너를 믿어야 하지?　　　　　　　　　Day **051**

Answer

❶ You shouldn't drink too much!
❷ What should I do for your birthday?
❸ I should skip lunch.
❹ Maybe I should quit this job.
❺ What should I do to make her happy?

❻ It should be ready in 10 minutes.
❼ I should have studied English.
❽ You shouldn't have!
❾ I shouldn't have said that.
❿ Why should I believe you?

A **Can I have one more drink?**
한 잔 더 마실 수 있을까요?

B **No, ❶ _____ .**
아니요, 술 너무 많이 마시면 안 돼요.

A **Tomorrow is her birthday. ❷ _____ ?**
내일 그녀의 생일이야. 그녀를 위해 뭘 해주는 게 좋을까?

B **Why don't you go on a day trip?**
당일치기로 여행 가는 건 어때?

A **How long will it take? I'm in a hurry.**
시간이 얼마나 걸릴까요? 제가 바빠서요.

B **❸ _____ .**
10분이면 준비될 거예요.

A **❹ _____ . I regret not studying.**
영어 공부를 할 걸 그랬어. 공부하지 않은 게 후회가 돼.

B **Now you can study English! It's never too late.**
지금 영어 공부 할 수 있잖아! 전혀 늦지 않았어.

A **Here you are. I got a special gift for you.**
여기 있어. 너를 위한 특별한 선물이야.

B **A gift? ❺ _____ !**
선물? 안 그래도 되는데!

Answer

❶ you shouldn't drink too much
❷ What should I do for her
❸ It should be ready in 10 minutes
❹ I should have studied English
❺ You shouldn't have

Chapter 4

Must

Must하면 어떤 느낌이 드나요? 흔히들 '~해야 한다'는 강력한 의무감을 떠올리는 경우가 많은데, 맞습니다! 그래서 때로는 어감이 강하게 들리기도 하는 표현입니다. 그러나 Must의 매력은 이게 다가 아닙니다. Must에는 '매우 강한 확신'의 뜻이 있습니다. 한국어로는 '틀림없이'의 의미로 사용됩니다. 각각의 패턴을 통해 Must의 다양한 쓰임새들을 익혀보세요!

Day
055
~
064

이번 Chapter에서는 Must를 학습해봅시다.
다음 우리말에 맞게 영어로 말해보세요. 1초라도 망설임이 있다면 체크 박스에 체크하세요!

Day 055	☐	당신이 Jina 씨군요. 만나서 반가워요!
Day 056	☐	스스로가 정말 자랑스럽겠다.
Day 057	☐	힘든 시간 보냈겠구나.
Day 058	☐	나 이제 진짜 가야 해.
Day 059	☐	나 그 말 하면 안 돼.
Day 060	☐	유니폼을 착용해야 합니다.
Day 061	☐	그거 살 필요 없어.
Day 062	☐	꼭 그래야만 하겠니?
Day 063	☐	정 그래야 한다면…
Day 064	☐	왜 우리가 항상 싸워야만 해?

You **must** be Jina. Good to see you!

You **must** be proud of yourself.

You **must** have had a hard time.

I really **must** go now.

I **must** not say that.

You **have to** wear a uniform.

I don't **have to** buy the stuff.

Must you really do that?

If you really **must**...

Why **must** we always have a fight?

You must be Jina.
Good to see you!

—

당신이 Jina 씨군요.
만나서 반가워요!

You must be는 확신을 가지고 말하는 표현입니다. 처음 보는 사람이지만 이미 그 사람을 알고 있을 때 많이 쓰는 인사 표현입니다.

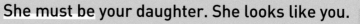

You must be Kim! I'm James.

김 선생님 맞으시죠? 저는 제임스입니다.

She must be your daughter. She looks like you.

따님이시군요! 똑 닮았어요.

You must be Young. I've heard a lot about you.

Young 씨 맞으시죠? 얘기 많이 들었습니다.

Send

🎲 Step 1 문장 익히기

다양한 상황에서 표현을 연습하세요.

(소개팅 자리에서)

Hello. **You must be** Jina. Good to see you.

(딸과 함께 있는 친구를 보며)

She must be your daughter! She looks like you.

(친구의 지인을 만났을 때)

You must be Young. I've heard a lot about you.

🎲 Step 2 입으로 말하기

학습한 문장을 활용하여 대화를 연습하세요.

A ❶ _____ Kim. It's really good to see you.

김 선생님이시죠? 만나 뵙게 되어 진심으로 반갑습니다.

B Pleasure to meet you, too.

저도 만나서 반갑습니다.

A ❷ _____ Scott. Good to see you.

스콧 씨군요. 만나서 반갑습니다.

B You must be Jina. I've heard a lot about you.

지나 씨죠? 얘기 많이 들었습니다.

❶ You must be ❷ You must be

🎲 Step 3 실전 대화에서 연습하기

1초 안에 말할 수 없다면 처음으로 돌아가 답을 확인하세요.

A _____

B Yes, I'm Jina. Nice to meet you, too.

You must be proud of yourself.

—

스스로가 정말 자랑스럽겠다.

우리는 must를 '~해야 한다'로 많이 알고 있지만, must는 '틀림없이 그렇다'의 의미로도 많이 쓰인답니다. 상대방에게 공감을 하거나 확신을 줄 때 must를 사용해서 말할 수 있습니다.

You must have the wallet somewhere.

네 지갑 분명히 너한테 있을 거야.

You must be joking.

농담이지? (그게 진짜일 리 없어.)

That must really hurt.

정말 아프겠다.

🎲 Step 1 문장 익히기

다양한 상황에서 표현을 연습하세요.

"나 지갑 잃어버린 거 아냐?" **You must** have the wallet somewhere.

"나 사실 널 좋아해." **You must** be joking.

"여기 멍들었어." **That must** really hurt!

🎲 Step 2 입으로 말하기

학습한 문장을 활용하여 대화를 연습하세요.

A Ouch! I cut my finger.
아야! 손 베였다.

B ❶ _____ hurt. I'll get you a band-aid.
아프겠다. 반창고 갖다 줄게.

A How old is he?
그는 몇 살이야?

B ❷ _____ be at least 30.
적어도 30살은 됐을 거야.

❶ That must ❷ He must

🎲 Step 3 실전 대화에서 연습하기

1초 안에 말할 수 없다면 처음으로 돌아가 답을 확인하세요.

A I finally passed the interview!

B _____

You must have had a hard time.

—

힘든 시간 보냈겠구나.

must have p.p.는 '틀림없이 그랬을 거다'라는 의미로 과거에 일어난 일에 대해 확신을 가지고 말할 때 씁니다. must have는 must've로 줄일 수 있고 '머슷' 혹은 '머슷브'로 발음됩니다. 정말 힘든 시간을 보낸 친구에게 해줄 수 있는 말이죠! You must have had a hard time.

You must have been busy.

너 정말 바빴겠다.

That must have been fun.

재미있었겠다.

You must have dropped the wallet.

너 지갑 떨어트렸나 봐.

🎲 Step 1 문장 익히기

다양한 상황에서 표현을 연습하세요.

“발리로 여행 다녀왔어.” **That must have been** fun!

“아무리 찾아도 지갑이 없어.” **You must have dropped** the wallet.

“어제 이사 끝냈어.” **You must have been** busy!

🎲 Step 2 입으로 말하기

학습한 문장을 활용하여 대화를 연습하세요.

A I've studied 12 hours a day for 6 months.
6개월 동안 하루에 12시간씩 공부했어.

B ❶ _____ had a hard time. It will pay off.
힘들었겠다. 이제 보상받을 거야.

A I went on a trip to Bali.
발리로 여행 다녀왔어.

B ❷ _____ been awesome!
진짜 좋았겠다!

❶ You must have ❷ That must have

🎲 Step 3 실전 대화에서 연습하기

1초 안에 말할 수 없다면 처음으로 돌아가 답을 확인하세요.

A _____

B That comforts me. Thank you.

I really must go now.

—

나 이제 진짜 가야 해.

must는 '꼭 해야 한다'고 강조할 때 사용합니다. really와 함께 쓰면서 더 강조해줄 수 있습니다. 진지하게 말하고 싶다면 must를 사용해서 말해보세요. I really must go now!

You must keep it a secret.

비밀 꼭 지켜야 한다.

We must get to the station on time.

우리 꼭 제시간에 역에 도착해야 해.

I really must get back to work now.

나 이제 정말 일해야 해.

다양한 상황에서 표현을 연습하세요.

 "꼭 비밀로 할 테니까 말해줘." **You must** keep it a secret.

"조금만 더 놀자!" **I really must** get back to work now.

"왜 이렇게 서둘러?" **We must** get to the station on time.

🎲 Step 2 **입으로 말하기**

학습한 문장을 활용하여 대화를 연습하세요.

A This is *just between you and me! ❶ _____ keep it a secret!
*just between you and me 우리끼리만 아는 비밀이야
이건 우리 둘만의 비밀이야! 비밀 꼭 지켜야 해!

B I'll never tell! Don't worry.
절대 말 안 해! 걱정하지 마.

A Can you stay a bit longer?
조금만 더 있을 수 있어?

B I'm so sorry but ❷ _____ get back to work.
정말 미안한데 나 정말 일하러 가야 해.

❶ You must ❷ I really must

 Step 3 **실전 대화에서 연습하기**

1초 안에 말할 수 없다면 처음으로 돌아가 답을 확인하세요.

A _____

B That's a shame. Take care and get home safely.

I must not say that.
—
나 그 말 하면 안 돼.

must not은 절대 안 된다고 강조하며 조언이나 충고할 때 쓸 수 있습니다. must는 매우 강한 느낌을 주므로 강하고 확실하게 말하고 싶을 때는 must not을 사용해보세요! must는 법을 지켜야 할 때 사용될 만큼 강력합니다. 비밀을 말해달라고요? I must not say that!

You must not drive a car.

너 운전하면 안 돼.

We must not smoke walking down the street.

거리를 걸으면서 담배 피우면 안 돼.

I must not be late tomorrow.

나 내일은 절대 늦으면 안 돼.

  Send

다양한 상황에서 표현을 연습하세요.

"벌써 자러 가?"	**I must not** be late tomorrow!
"얘기해줘!"	**I must not** say that.
"내가 운전할게."	**You must not** drive a car!

🎲 Step 2 **입으로 말하기**

학습한 문장을 활용하여 대화를 연습하세요.

A I'll drive a car.
내가 운전할게.

B Never! ❶ _____ drive a car. You*'re drunk now.
절대 안 돼! 너 운전하면 안 돼. 너 지금 취했잖아.　　　　　　　　*be drunk 취하다

A I've got to go to bed. ❷ _____ be late tomorrow.
자러 가야겠어. 나 내일 절대 늦으면 안 돼.

B *Night night.
잘 자.　　　　　　　　　　　　　　　*Night night. 잘 자.

❶ You must not　❷ I must not

🎲 Step 3 **실전 대화에서 연습하기**

1초 안에 말할 수 없다면 처음으로 돌아가 답을 확인하세요.

A I swear to God. I'll never say that. Please tell me.

B _____

You have to wear a uniform.

—

유니폼을 착용해야 합니다.

have to는 must와 마찬가지로 의무를 나타냅니다. must가 자신의 의지가 더 반영되어 있다면, have to는 외부적인 상황에 따른 의무가 더 강조됩니다. 예를 들어, 퇴근 시간이 7시라면 내 의지와 상관 없이 7시까지 일을 해야 하는 거죠. 다만, 실생활에서는 구분 없이 쓰이는 경우가 많으니 너무 신경 쓰지 않으셔도 됩니다.

You have to practice more for the audition.

오디션을 잘 보려면 더 연습해야 해.

She has to work until 7 p.m.

그녀는 7시까지 일해야 해.

I have to study more for a test.

시험 공부를 더 해야 해.

다양한 상황에서 표현을 연습하세요.

👤 "그녀는 일 언제 끝나요?"

She has to work until 7 p.m. 👩

👤 "집에 안 가?"

I have to study more for a test. 👩

👤 "다음 주에 오디션이야."

You have to practice more for the audition. 👩

🎲 Step 2 **입으로 말하기**

학습한 문장을 활용하여 대화를 연습하세요.

A I've put on weight. Do I have to *work out?

나 살쪘어. 운동을 해야 할까?   *work out 운동하다

B Yes, ❶ _____ work out and eat properly.

응, 운동도 하고 제대로 식사를 해야 해.

A Let's go to the *staff party!

회식 가자!   *staff party 회식

B Go ahead. ❷ _____ finish this work.

먼저 가. 나 이거 끝내야 해.

❶ you have to   ❷ I have to

🎲 Step 3 **실전 대화에서 연습하기**

1초 안에 말할 수 없다면 처음으로 돌아가 답을 확인하세요.

A Can I wear casual clothes?

B _____

I don't have to buy the stuff.

—

그거 살 필요 없어.

must와 have to는 뜻이 유사하지만 must not과 don't have to는 뜻이 완전히 다릅니다. must not은 '~하면 안 된다'로 쓰이는 반면 don't have to는 '~할 필요 없다'로 쓰입니다. 이 둘의 차이를 꼭 기억하세요! 어려워서 걱정된다고요? You don't have to worry!

You don't have to worry.

걱정하지 않으셔도 됩니다.

I don't have to get up early tomorrow.

내일 일찍 일어날 필요 없어.

He doesn't have to know.

그가 알 필요는 없잖아.

   Send

🎲 Step 1 문장 익히기

다양한 상황에서 표현을 연습하세요.

"확실한 거겠죠?"　　**You don't have to** worry.

"그한테 말할까?"　　**He doesn't have to** know.

"늦게까지 놀아도 돼?"　　**I don't have to** get up early tomorrow.

🎲 Step 2 입으로 말하기

학습한 문장을 활용하여 대화를 연습하세요.

A **Do I have to wear a uniform?**
유니폼을 입어야 하나요?

B **No. ❶ _____ wear a uniform.**
아니요. 유니폼 입지 않으셔도 돼요.

A **❷ _____ get up early tomorrow!**
내일 일찍 일어나지 않아도 된다!

B **You must be happy! Let's go to the party!**
진짜 행복하겠다! 파티 가자!

❶ You don't have to　❷ I don't have to

🎲 Step 3 실전 대화에서 연습하기

1초 안에 말할 수 없다면 처음으로 돌아가 답을 확인하세요.

A **Don't you want to buy it?**

B _____

155

Must you really do that?
—
꼭 그래야만 하겠니?

Must you로 상대방에게 꼭 그래야만 하는지 물어볼 수 있습니다. '꼭 이렇게까지 해야겠어?'라고 약간의 불평을 하는 표현입니다. 드라마에서 자주 나오는 대사입니다. Must you really do that?

Must you really call her?

그녀에게 꼭 전화해야겠어?

Must you really talk like that?

꼭 그렇게 말해야겠니?

Must you really smoke here?

여기서 꼭 담배를 피워야겠어?

  Send

Step 1 문장 익히기

다양한 상황에서 표현을 연습하세요.

 (전 애인에게 전화한다는 친구에게) **Must you** really call her?

 (길에서 담배 피우는 친구에게) **Must you** really smoke here?

 (심한 말을 한 친구에게) **Must you** really talk like that?

Step 2 입으로 말하기

학습한 문장을 활용하여 대화를 연습하세요.

A I'm an idiot! I'm not good at anything.
나는 바보야! 잘하는 게 없어.

B **❶** _____ talk like that? You're not an idiot!
꼭 그렇게 말해야겠어? 너 바보 아니야!

A *No matter what you say, I will call her!
네가 뭐라든지, 나는 그녀에게 전화할 거야!   *no matter what 무엇을 한들

B **❷** _____ call her? You will regret it!
꼭 전화해야겠어? 너 후회할 거야!

❶ Must you ❷ Must you

Step 3 실전 대화에서 연습하기

1초 안에 말할 수 없다면 처음으로 돌아가 답을 확인하세요.

A _____

B I really must.

If you really must...

정 그래야 한다면...

Must you라고 물어봤는데도 그렇다고 한다면, 이제 우리는 포기해야겠죠. 이때 말할 수 있는 표현이 If you really must입니다. 자포자기한 심정으로 이렇게 말해보세요. If you really must, go on.

If you really must go, I'll take you home.

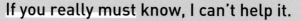

꼭 가야 한다면, 내가 집까지 데려다 줄게.

If you really must know, I can't help it.

꼭 알고 싶다면, 어쩔 수 없지.

If you really must do that, I will support you.

정 해야 한다면, 내가 지지해줄게.

  Send

🎲 Step 1 문장 익히기

다양한 상황에서 표현을 연습하세요.

"꼭 해야겠어."

If you really must do that, I'll support you.

"제발 말해줘. 알아야겠어."

If you really must know, I can't help it.

"나 지금 진짜 가야 해."

If you really must go, I'll take you home.

🎲 Step 2 입으로 말하기

학습한 문장을 활용하여 대화를 연습하세요.

A **I really must go now.**
나 정말 가봐야 해.

B ❶ _____ go now, I'll take you home.
정 가야겠다면, 내가 집까지 데려다 줄게.

A **I think I have to do this.**
내 생각에 나 이거 해야 할 것 같아.

B ❷ _____ do that, I'll help you.
꼭 해야겠다면, 내가 도와줄게.

❶ If you really must ❷ If you really must

🎲 Step 3 실전 대화에서 연습하기

1초 안에 말할 수 없다면 처음으로 돌아가 답을 확인하세요.

A **I really must say this.**

B _____

Why must we always have a fight?

—

왜 우리가 항상 싸워야만 해?

Why must는 우리가 도대체 왜 그래야만 하는지 물어볼 때 사용할 수 있습니다. '도대체 왜?'의 뉘앙스를 잔뜩 풍길 수 있습니다. 서로 사랑하는데 왜 이렇게 자꾸 싸워야 해? Why must we always have a fight?

Why must we always put on a mask?

왜 우리가 항상 마스크를 써야 해?

Why must I always listen to you?

내가 왜 항상 네 얘기를 들어줘야만 해?

Why must you always be sarcastic?

너는 왜 항상 그렇게 빈정대는 거야?

Send

🎲 Step 1 문장 익히기

다양한 상황에서 표현을 연습하세요.

"마스크 너무 불편해." **Why must** we always put on a mask?

"그냥 내 말 들어." **Why must** I always listen to you?

"잘했다!" **Why must** you always be sarcastic?

🎲 Step 2 입으로 말하기

학습한 문장을 활용하여 대화를 연습하세요.

A ❶ _____ you always be sarcastic?

왜 항상 그렇게 비아냥거리는 거야?

B I didn't mean it. I shouldn't have talked like that.

일부러 그런 건 아니었어. 그렇게 말하지 말 걸 그랬다.

A I can't stop crying. I'm so sad.

울음을 멈출 수가 없어. 너무 슬퍼.

B ❷ _____ you always cry for him? It's not your fault!

왜 항상 걔 때문에 네가 울어야 해? 이건 네 잘못이 아니야!

❶ Why must　❷ Why must

🎲 Step 3 실전 대화에서 연습하기

1초 안에 말할 수 없다면 처음으로 돌아가 답을 확인하세요.

A _____

B You're right. I think we need to have a deep conversation.

❶ 나 이제 진짜 가야 해.　　　　　　　　　　　　　　　　Day 058

❷ 꼭 그렇게 말해야겠니?　　　　　　　　　　　　　　　　Day 062

❸ 왜 우리가 항상 마스크를 써야 해?　　　　　　　　　　Day 064

❹ Young 씨 맞으시죠? 얘기 많이 들었습니다.　　　　　Day 055

❺ 농담이지?　　　　　　　　　　　　　　　　　　　　　Day 056

❻ 재미있었겠다.　　　　　　　　　　　　　　　　　　　Day 057

❼ 꼭 가야 한다면, 내가 집까지 데려다 줄게.　　　　　　Day 063

❽ 걱정하지 않으셔도 됩니다.　　　　　　　　　　　　　Day 061

❾ 정말 아프겠다.　　　　　　　　　　　　　　　　　　Day 056

❿ 나 내일은 절대 늦으면 안 돼.　　　　　　　　　　　　Day 059

Answer ♥ o⃞

❶ I really must go now.
❷ Must you really talk like that?
❸ Why must we always put on a mask?
❹ You must be Young. I've heard a lot about you.
❺ You must be joking.

❻ That must have been fun.
❼ If you really must go, I'll take you home.
❽ You don't have to worry.
❾ That must really hurt.
❿ I must not be late tomorrow.

A ❶ _____, because I have to get up early tomorrow.

나 이제 진짜 가야 해, 왜냐하면 내일 일찍 일어나야 하거든.

B ❷ _____.

꼭 가야 한다면, 내가 집까지 데려다 줄게.

A ❸ _____? It's really uncomfortable.

왜 우리가 항상 마스크를 써야 해? 정말 불편해.

B Because that's the easiest way to prevent COVID-19.

그게 코로나바이러스를 예방하는 가장 쉬운 방법이기 때문이야.

A I went to Boracay for a vacation.

휴가로 보라카이 다녀왔어.

B ❹ _____. I'm jealous of you.

재미있었겠다. 부러워.

A Ouch! I bumped my leg on the chair.

아야! 발을 의자에 부딪쳤어.

B ❺ _____. Are you OK?

정말 아프겠다. 괜찮아?

A I'm going to bed early. ❻ _____.

일찍 자러 간다. 나 내일 절대 늦으면 안 돼.

B ❼ _____. I will wake you up.

걱정할 필요 없어. 내가 깨워줄게.

Answer

❶ I really must go now
❷ If you really must go, I'll take you home
❸ Why must we always put on a mask
❹ That must have been fun

❺ That must really hurt
❻ I must not be late tomorrow
❼ You don't have to worry

Chapter 5

Can

이 책에서 배우는 조동사 중 여러분에게 가장 익숙한 조동사가 바로 이 Can일 것 입니다. I can do it! (할 수 있다!)이 한때 유행어였을 정도로 익숙하고 잘 쓰이는 표현이죠. 원어민들에게도 Can은 정말 유용하고, 쓸 일이 많은 단어이기에 다양한 상황에서 많이 쓰인답니다. Can은 크게 high possibility(높은 가능성)와 ability(능력)를 나타냅니다.

Day
065
~
084

이번 Chapter에서는 Can을 학습해봅시다.
다음 우리말에 맞게 영어로 말해보세요. 1초라도 망설임이 있다면 체크 박스에 체크하세요!

I **can** speak English.

I **can**'t edit photos in Photoshop.

It **can** happen to anybody.

It **can**'t be true!

I **can**'t make it today.

I **can**'t help smiling.

I **can**'t help but like you!

I **can**'t wait to see you!

I **can**'t stand it anymore!

I **can**'t believe (that) it's still Monday!

I **can**'t thank you enough for it.

Can you close the window?

Can I have this?

How **can** I help you?

What **can** I do to make you happy?

Can't you see that?

Can't you see how amazing you are?

I **can**'t possibly understand it.

You **can**'t possibly think that's possible.

I **can** relate to that.

I can speak English.

—

전 영어를 할 줄 알아요. (능력)

can은 능력과 가능성을 말해줍니다. could와 비슷하게 쓰일 때도 많지만, could보다 더 분명하고 단호한 뉘앙스가 있습니다. 그래서 내가 가진 확실한 능력을 말할 때 can을 써줄 수 있죠.

You can do it! Believe in yourself!

년 할 수 있어! 너 자신을 믿어!

I can do this all day.

나 이거 하루 종일 할 수 있어.

I can see you now!

내가 이제 너를 볼 수 있어!

  Send

🎲 Step 1 문장 익히기

다양한 상황에서 표현을 연습하세요.

"내가 할 수 있을까?" **You can** do it! Believe in yourself!

"계속 할 거야?" **I can** do this all day.

"나 여기 손 흔들고 있어!" **I can** see you now!

🎲 Step 2 입으로 말하기

학습한 문장을 활용하여 대화를 연습하세요.

A **How about going by car?**
차 타고 가는 건 어때?

B ❶ _____ drive a car, but I don't have one.
나 운전은 할 줄 아는데, 차가 없어.

A **I forgot to bring my pen.**
펜 가져오는 거 깜빡했다.

B ❷ _____ use my pen. Just bring it back after the class.
내 것 써. 수업 끝나고 돌려줘.

❶ I can ❷ You can

🎲 Step 3 실전 대화에서 연습하기

1초 안에 말할 수 없다면 처음으로 돌아가 답을 확인하세요.

A **Can you speak English?**

B _____

I can't edit photos in Photoshop.

—

포토샵 할 줄 몰라요. (능력)

can의 부정은 can't(= cannot)입니다. can이 능력을 말했으니 can't는 그럴 능력이 없음을 말합니다.

I can't solve this problem.

이 문제 못 풀겠어.

I can't hear you.

무슨 말인지 안 들려.

I can't see anything.

아무것도 보이지 않아.

   Send

🎲 Step 1 문장 익히기

다양한 상황에서 표현을 연습하세요.

(깜깜한 곳에서) **I can't** see anything!

(너무 어려운 문제를 보고) **I can't** solve this problem.

(소곤소곤 속삭이는 친구에게) **I can't** hear you!

🎲 Step 2 입으로 말하기

학습한 문장을 활용하여 대화를 연습하세요.

A It's too dark. ❶ _____ see anything.
너무 어둡다. 아무것도 안 보여.

B I will turn on the light.
불 켤게.

A ❷ _____ drive a car. I want to get a driver's license.
나 운전 못해. 운전면허 따고 싶어.

B That's a good idea.
좋은 생각이야.

❶ I can't ❷ I can't

🎲 Step 3 실전 대화에서 연습하기

1초 안에 말할 수 없다면 처음으로 돌아가 답을 확인하세요.

A _____

B Then, I'll edit photos in Photoshop for you.

It can happen to anybody.
있을 수 있는 일이야. (가능성)

can은 능력뿐만 아니라 가능성을 말하기도 합니다. 보통 it과 함께 오는 경우가 이렇게 해석됩니다. 실패하는 거요? 항상 있는 일입니다. 누구에게나 있을 수 있는 일! It can happen to anybody.

It can sell for a high price.

비싸게 팔릴 수 있어.

It can be difficult to succeed.

성공하기 어려울 수 있어.

It can take some time.

시간이 조금 걸릴 수 있어.

Step 1 **문장 익히기**

다양한 상황에서 표현을 연습하세요.

"금방 수리될까요?"　　　　　　　**It can** take some time.

"팔면 얼마쯤 할까요?"　　　　　　**It can** sell for a high price.

"성공할 수 있을까?"　　　　　　　**It can** be difficult to succeed.

 Step 2 **입으로 말하기**

학습한 문장을 활용하여 대화를 연습하세요.

A **Can you fix it?**
수리할 수 있을까요?

B ❶ _____ **be difficult to fix. Let me see.**
수리하기 어려울 수 있어요. 어디 봅시다.

A **I can fix it but ❷ _____ take some time.**
고치는 것은 가능하나 시간이 좀 걸릴 수 있습니다.

B **How long will it take?**
얼마나 걸릴까요?

❶ It can　❷ it can

Step 3 **실전 대화에서 연습하기**

1초 안에 말할 수 없다면 처음으로 돌아가 답을 확인하세요.

A **Why did it happen to me?**

B _____

It can't be true!
—
이게 진짜일 리 없어! (추측)

can't는 능력이 없음을 말하기도 하지만 가능성이 없음을 표현하기도 합니다. 이때 '틀림없이 그럴 것이다'라는 must에 대한 부정의 의미라고 생각하면 됩니다. 그렇게 다이어트를 열심히 했는데 살이 안 빠졌다고? It can't be true!

You can't be hungry.

네가 배고플 리 없어.

You can't forget it.

네가 잊었을 리가 없어.

This can't be happening.

있을 수 없는 일이야.

  Send

🎲 Step 1 문장 익히기

다양한 상황에서 표현을 연습하세요.

"우리 팀이 졌어."	**This can't** be happening.
"아 너무 배고파."	**You can't** be hungry.
"나 기억이 안 나."	**You can't** forget it.

🎲 Step 2 입으로 말하기

학습한 문장을 활용하여 대화를 연습하세요.

A **You won the lottery? ❶** _____ **be serious.**

복권 당첨됐다고? 농담하지 마. (진지하게 그러는 거 아니지?)

B **I did! See this number! Now, I'm rich!**

진짜야! 이 번호 봐! 이제 난 부자야!

A **I could eat a horse.**

배고파 죽겠어.

B **❷** _____ **be hungry. We just finished lunch.**

배고플 리 없어. 우리 막 점심 다 먹었잖아.

❶ You can't ❷ You can't

🎲 Step 3 실전 대화에서 연습하기

1초 안에 말할 수 없다면 처음으로 돌아가 답을 확인하세요.

A **The stock prices dropped a lot.**

B _____

I can't make it today.
—
오늘은 못 가요.

I can't make it은 따로 외워야 할 패턴입니다. 뜻 그대로 '만들 수 없어'로 쓰이기도 하지만, '난 해낼 수 없어'라는 의미로도 쓰일 수 있습니다. 그런데 뒤에 장소가 나오면 '그 장소에 갈 수가 없어'라는 의미로 쓰인다는 것을 주의하세요.

I can't make it to the class today.

오늘 수업 못 가요.

I can't make it to the party tonight.

오늘 밤에 파티 못 가.

I can't make it to work today.

오늘 일 못 가요.

  Send

🎲 Step 1 문장 익히기

다양한 상황에서 표현을 연습하세요.

 "오늘 수업 오지?"   **I can't make it** to the class today.

"아픈데 일 갈 수 있겠어?"   **I can't make it** to work today.

"파티에 올 수 있어?"   **I can't make it** to the party tonight.

🎲 Step 2 입으로 말하기

학습한 문장을 활용하여 대화를 연습하세요.

A I think ❶ _____ today. Can I put off the appointment?

오늘 못 갈 것 같아요. 예약을 미룰 수 있을까요?

B **When is good for you?**

언제가 좋으신가요?

A ❷ _____ to the party tonight. I have to work.

오늘 밤에 파티 못 가. 일해야 해.

B **That's too bad.**

그거 안됐다.

❶ I can't make it ❷ I can't make it

Step 3 실전 대화에서 연습하기

1초 안에 말할 수 없다면 처음으로 돌아가 답을 확인하세요.

A _____

B **Why can't you make it? Are you sick?**

I can't help smiling.
—
미소 짓지 않을 수가 없어.

can't help 역시 꼭 외워야 하는 패턴입니다. '도와줄 수 없어'보다 '어쩔 수 없다'로 더 많이 쓰입니다. 뒤에 -ing 형태나 it이 옵니다. 내가 아무리 노력해도 되지 않을 때, 이 표현을 써보세요. I can't help it.

I can't help it.

나도 어쩔 수 없어.

I can't help falling in love with you.

사랑에 빠지지 않을 수가 없어.

I can't help feeling sorry for him.

그에게 미안해하지 않을 수가 없네.

    Send

🎲 Step 1 문장 익히기

다양한 상황에서 표현을 연습하세요.

"그렇게 좋니?"   Yes! **I can't help** smiling.

"왜 계속 그러는 거야?"   Sorry, but **I can't help** it.

"내가 그렇게 좋아?"   Yes! **I can't help** falling in love with you.

🎲 Step 2 입으로 말하기

학습한 문장을 활용하여 대화를 연습하세요.

A You don't have to be sorry for me. I'm fine.

나한테 미안해하지 않아도 돼. 나 괜찮아.

B But ❶ _____ feeling sorry for you.

하지만 미안해하지 않을 수가 없는걸.

A ❷ _____ looking at you. You're so beautiful.

널 쳐다보지 않을 수가 없어. 너무 아름다워.

B Aww so sweet. ❸ _____ falling in love with you.

아우 너무 달달해. 사랑에 빠지지 않을 수가 없어.

❶ I can't help   ❷ I can't help   ❸ I can't help

🎲 Step 3 실전 대화에서 연습하기

1초 안에 말할 수 없다면 처음으로 돌아가 답을 확인하세요.

A Why do you keep smiling?

B _____ because of you.

I can't help but like you!
—
정말 미워할 수가 없다니까!
(좋아할 수밖에 없어.)

can't help는 뒤에 -ing 형태 또는 'but + 동사' 형태로 쓰이며 '~할 수밖에 없어'라는 의미로 사용됩니다. 가끔 미운 짓을 해도 여전히 좋은 그 사람에게 말해보세요. I can't help but like you!

I can't help but leave her.

그녀를 떠날 수밖에 없어.

I can't help but think of you.

네 생각을 안 할 수가 없어.

I can't help but eat flour-based food.

밀가루 음식을 안 먹을 수가 없어.

  Send

🎲 Step 1 문장 익히기

다양한 상황에서 표현을 연습하세요.

"밀가루 음식 끊었다며?"

No, **I can't help but** eat flour-based food.

"걔가 그렇게 좋아?"

I can't help but think of him.

"왜 헤어졌어?"

I can't help but leave her.

🎲 Step 2 입으로 말하기

학습한 문장을 활용하여 대화를 연습하세요.

A I'm sorry. It's my fault. I'll buy you dinner. How about pizza?
미안해. 내 잘못이야. 내가 저녁 살게. 피자 어때?

B ❶ _____ like you! Let's go.
정말 미워할 수가 없어! 가자.

A ❷ _____ doubt him. He is too suspicious.
그를 의심하지 않을 수가 없어. 너무 수상해.

B *That makes two of us. I think he did it.
동감이야. 내 생각엔 그가 한 것 같아.   *That makes two of us. 동감이야.

❶ I can't help but   ❷ I can't help but

🎲 Step 3 실전 대화에서 연습하기

1초 안에 말할 수 없다면 처음으로 돌아가 답을 확인하세요.

A _____

B You're so into me!

I can't wait to see you!

널 빨리 보고 싶어!

can't wait을 직역하면 '기다릴 수 없어'이지만 의역하면 '정말 하고 싶다'라는 표현입니다. 산타 할아버지가 선물을 주신다고 해서 크리스마스를 손꼽아 기다릴 때 이렇게 쓸 수 있겠죠? I can't wait for Christmas!

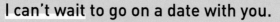

I can't wait to eat it!

빨리 먹고 싶어!

I can't wait to go on a date with you.

너랑 빨리 데이트하고 싶어.

I can't wait for the trip!

여행이 너무 기다려져!

🎲 Step 1 문장 익히기

다양한 상황에서 표현을 연습하세요.

"우리 내일 만나네."   **I can't wait** to go on a date with you.

"다음 주 드디어 휴가야!"   **I can't wait** for the trip!

"할머니표 닭볶음탕이다!"   **I can't wait** to eat it!

🎲 Step 2 입으로 말하기

학습한 문장을 활용하여 대화를 연습하세요.

A **Time passes slowly! ❶ _____ to see you.**

시간이 너무 느리게 흘러가! 널 빨리 보고 싶어.

B **Tomorrow we can meet! I'm so excited.**

내일 우리 만날 수 있어! 너무 신난다.

A **I can't wait for Sunday. I can eat Grandma's chicken soup.**

일요일이 빨리 왔음 좋겠어. 할머니표 닭고기 수프를 먹을 수 있거든.

B **I also love her food. ❷ _____ to eat that.**

나도 할머니께서 해주신 음식이 좋아. 빨리 닭고기 수프를 먹고 싶다.

❶ I can't wait   ❷ I can't wait

🎲 Step 3 실전 대화에서 연습하기

1초 안에 말할 수 없다면 처음으로 돌아가 답을 확인하세요.

A **Hurry up! _____ !**

B **I'm on my way. I'll be there in 10 minutes!**

I can't stand it anymore!

—

더는 참을 수 없어!

stand는 '서다' 외에도 '버티다, 참다'라는 뜻이 있습니다. 쓰러지지 않기 위해 서있는 것을 생각해보세요. can't에 stand가 붙으면 '참을 수가 없다'는 말입니다. I can't wait이 기쁜 마음으로 참을 수 없는 반면에, I can't stand는 화가 나서 참을 수가 없다는 의미입니다.

I can't stand the cold.

난 추위에 약해. (난 추운 건 못 참아.)

I can't stand working with him anymore.

그랑 더는 일 못 하겠어.

I can't stand her rude attitude anymore.

더는 그녀의 무례한 태도를 못 참겠어.

  Send

다양한 상황에서 표현을 연습하세요.

(하지 말란 행동을 또 한 친구에게)

I can't stand it anymore.

(상사한테 이유 없이 혼나고 나서)

I can't stand working with him anymore.

(어느 계절이 싫으냐는 질문에)

I can't stand the cold.

Step 2 **입으로 말하기**

학습한 문장을 활용하여 대화를 연습하세요.

A ❶ _____ her rude attitude anymore!

그녀의 무례한 태도 더는 못 참겠어!

B I think you should tell her. She might not know that.

내 생각에는 그녀에게 말하는 게 좋을 것 같아. 그녀는 그걸 모를 수도 있어.

A They all got off work except us.

우리 빼고 다 퇴근했어.

B It's unfair! ❷ _____ it anymore.

불공평해! 더는 못 참겠어.

❶ I can't stand ❷ I can't stand

Step 3 **실전 대화에서 연습하기**

1초 안에 말할 수 없다면 처음으로 돌아가 답을 확인하세요.

A _____

B What's going on?

I can't believe (that) it's still Monday!

—

아직도 월요일이라니!

can't believe는 자주 쓰이는 패턴입니다. 도저히 믿을 수 없는 상황에 쓸 수 있습니다. 세상에는 믿을 수 없는 일이 자주 일어나기에 여러분도 I can't believe it!하고 외칠 때가 많을 겁니다. 아니 우리 야구팀이 졌다고요? I can't believe we lost the game!

I can't believe we lost the game!

우리가 게임에서 졌다니!

I can't believe we're in Hawaii.

우리가 하와이에 있다는 게 믿기지 않아.

I can't believe I got dumped.

내가 차였다는 게 믿기질 않아.

   Send

🎲 Step 1 문장 익히기

다양한 상황에서 표현을 연습하세요.

(친구랑 하와이 여행 중)	**I can't believe** we're in Hawaii.
(역전패 당한 야구 경기를 보며)	**I can't believe** we lost the game.
(이별 통보를 받고)	**I can't believe** I got dumped.

🎲 Step 2 입으로 말하기

학습한 문장을 활용하여 대화를 연습하세요.

A ❶ _____ I got dumped.
내가 차였다는 게 믿기질 않아.

B **You deserve it.**
그럴만했어.

A ❷ _____ I did it! I thought I would fail.
내가 해냈다는 게 믿기질 않아! 나 실패할 줄 알았는데.

B **I knew you would make it.**
난 네가 해낼 줄 알았어.

❶ I can't believe   ❷ I can't believe

🎲 Step 3 실전 대화에서 연습하기

1초 안에 말할 수 없다면 처음으로 돌아가 답을 확인하세요.

A _____

B **It feels like time passes slower on Monday.**

I can't thank you enough for it.

—

어떤 감사의 말씀을 드려야 할지 모르겠네요.

can't thank you enough for은 너무 감사해서 어떻게 감사 드려야 할지 모르겠다는 말입니다. 우리도 가끔 크게 감동받아서 무슨 말을 해야 할지 모를 때가 있습니다. 이때 쓰면 좋은 표현입니다. for 뒤에는 명사나 -ing 형태가 옵니다.

I can't thank you enough for giving me this opportunity.
이런 기회를 주셔서 정말 감사합니다.

I can't thank you enough for giving me good advice.
좋은 충고를 해주셔서 정말 감사 드려요.

I can't thank you enough for treating me to dinner.
저녁을 대접해 주셔서 정말 감사 드려요.

🎲 Step 1 문장 익히기

다양한 상황에서 표현을 연습하세요.

(면접을 시작할 때)

I can't thank you enough for giving me this opportunity.

(조언을 듣고)

I can't thank you enough for giving me good advice.

(저녁을 대접받고)

I can't thank you enough for treating me to dinner.

🎲 Step 2 입으로 말하기

학습한 문장을 활용하여 대화를 연습하세요.

A If you need help, feel free to tell me anytime.
도움이 필요하면 언제든지 말해요.

B ❶ _____ your kindness.
그 친절함에 어떻게 감사 인사를 드려야 할지 모르겠습니다.

A So, should we start the interview?
자, 인터뷰를 시작해볼까요?

B First, ❷ _____ giving me this opportunity.
우선 이런 기회를 주셔서 정말 감사합니다.

❶ I can't thank you enough for ❷ I can't thank you enough for

🎲 Step 3 실전 대화에서 연습하기

1초 안에 말할 수 없다면 처음으로 돌아가 답을 확인하세요.

A _____

B It's my pleasure.

Can you close the window?

—

창문 좀 닫아주실래요?

Can you로 물어보면서 상대방에게 부탁이나 요청을 할 수 있습니다. 이 상황에서는 앞에서 배운 could를 넣어도 뜻이 비슷합니다. could가 더 정중하지만 can이 무례한 것은 아니니 부탁할 때 편하게 사용해보세요! Can you close the window, please?

Can you wait a little longer, please?

조금만 더 기다려 줄 수 있어?

Can you pick me up at the airport?

공항으로 데리러 와줄 수 있어?

Can you make time for me?

시간 좀 내줄 수 있어?

  Send

Step 1 문장 익히기

다양한 상황에서 표현을 연습하세요.

(나를 한참 기다려준 분에게) **Can you** wait a little longer, please?

(비행기에서 막 내려서) **Can you** pick me up at the airport?

(급하게 얘기할 게 생겨서) **Can you** make time for me?

Step 2 입으로 말하기

학습한 문장을 활용하여 대화를 연습하세요.

A ❶ _____ make time for me?
시간 좀 내줄 수 있어?

B Now I have to work. How about 6 this evening?
나 지금 일해야 해. 오늘 저녁 6시는 어때?

A ❷ _____ pick me up at the airport?
공항으로 데리러 와줄 수 있어?

B Of course. I will pick you up!
물론이지. 데리러 갈게!

❶ Can you ❷ Can you

Step 3 실전 대화에서 연습하기

1초 안에 말할 수 없다면 처음으로 돌아가 답을 확인하세요.

A _____

B Sure, I'll close the door.

Can I have this?
—
이걸로 줄 수 있어요?

Can you만큼 자주 쓰이는 것이 Can I입니다. 허락을 구하거나 요청, 제안할 때 가장 많이 쓰이는 패턴입니다.

Can I ask you something?

뭐 좀 물어볼 수 있을까요?

Can I leave a message?

메시지 남길 수 있을까요?

Can I get you some coffee?

커피 드릴까요?

 Send

🎲 Step 1 문장 익히기

학습한 상황에서 표현을 연습하세요.

"그녀는 부재 중입니다." **Can I** leave a message?

"목이 조금 마르네요." **Can I** get you some coffee?

"무슨 일이시죠?" **Can I** ask you something?

🎲 Step 2 입으로 말하기

학습한 문장을 활용하여 대화를 연습하세요.

A ❶ _____ get you some coffee?
커피 드실래요?

B I'd love some! That's really kind of you.
너무 좋죠! 정말 친절하시네요.

A Mr. Kim is in the middle of a meeting now.
김 씨는 지금 회의 중입니다.

B Then ❷ _____ leave a message?
그럼 메시지 남길 수 있을까요?

❶ Can I ❷ can I

🎲 Step 3 실전 대화에서 연습하기

1초 안에 말할 수 없다면 처음으로 돌아가 답을 확인하세요.

A _____

B Sure, anything else?

How can I help you?
—
어떻게 도와드릴까요?

How can I는 방법을 물어보는 표현입니다. 특히, How can I help you?
는 식당이나 카페에서 종업원들이 가장 자주 쓰는 표현이므로 꼭 익혀두세
요. So, how can I help you?

How can I save up more money?
어떻게 하면 돈을 더 모을 수 있지?

How can I make up with her?
어떻게 하면 그녀랑 화해할 수 있지?

How can I get to the station?
역까지 어떻게 갈 수 있나요?

Send

🎲 Step 1 문장 익히기

다양한 상황에서 표현을 연습하세요.

(돈이 잘 안 모일 때) | **How can I** save up more money?

(애인이랑 싸우고 나서) | **How can I** make up with her?

(외국에서 길을 물어볼 때) | **How can I** get to the station?

🎲 Step 2 입으로 말하기

학습한 문장을 활용하여 대화를 연습하세요.

A ❶ _____ be more confident?
어떻게 하면 더 자신감을 가질 수 있을까?

B The more you practice, the more confident you are.
연습하면 할수록 더 자신감이 생겨.

A ❷ _____ make up with her?
어떻게 그녀랑 화해하지?

B You should apologize to her sincerely.
진심으로 사과를 해야지.

❶ How can I ❷ How can I

🎲 Step 3 실전 대화에서 연습하기

1초 안에 말할 수 없다면 처음으로 돌아가 답을 확인하세요.

A _____

B Can I get a steak burrito, please?

What can I do to make you happy?

—

당신을 행복하게 하기 위해서 무엇을 하면 될까요?

What can I는 내가 할 수 있는 게 무엇인지 묻는 질문입니다. 뒤에 'to+동사'가 오면 그 행위를 위해서는 무엇을 해야 하는지를 묻는 표현입니다. 내가 사랑하는 사람이 행복하면 좋잖아요. 한번 직접 물어보는 건 어떨까요? What can I do to make you happy?

What can I do to start my own business?

내 사업을 하기 위해서는 뭘 해야 할까요?

What can I do to become a better person?

더 나은 사람이 되기 위해 뭘 할 수 있을까요?

What can I do to achieve my goal?

내 목표를 이루기 위해서 무엇을 할 수 있을까?

Send

🎲 Step 1 문장 익히기

다양한 상황에서 표현을 연습하세요.

(멘토와 얘기를 나누며)

What can I do to become a better person?

(목표를 세우고 나서)

What can I do to achieve my goal?

(사업을 시작하고 싶을 때)

What can I do to start my own business?

🎲 Step 2 입으로 말하기

학습한 문장을 활용하여 대화를 연습하세요.

A ❶ _____ achieve my goal?

목표를 달성하기 위해서 뭘 해야 할까?

B **Make a schedule and follow the schedule.**

일정을 짜고, 일정을 따라야지.

A ❷ _____ pass the interview?

면접에 통과하려면 뭘 해야 할까?

B **Why don't you do a mock interview? I'll help you.**

모의 면접을 해보는 건 어때? 내가 도와줄게.

❶ What can I do to ❷ What can I do to

🎲 Step 3 실전 대화에서 연습하기

1초 안에 말할 수 없다면 처음으로 돌아가 답을 확인하세요.

A _____

B **Nothing but just stay with me.**

Can't you see that?
—
모르겠어?

Can't you see는 '안 보여?'로 해석할 확률이 높지만, 사실 그보다는 '모르겠어?'라고 물어보는 질문입니다. Don't you know와 비슷한 의미입니다. 그래도 모르겠나요? Can't you see that?

Can't you see that I'm busy?

나 바쁜 거 안 보여? (나 바쁜 거 모르겠어?)

Can't you see that he has feelings for you?

그가 너에게 마음이 있다는 거 모르겠어?

Can't you see that I'm worried about you?

내가 네 걱정하는 거 모르겠어?

🎲 Step 1 문장 익히기

다양한 상황에서 표현을 연습하세요.

(바쁜데 자꾸 말 거는 친구에게)

Can't you see that I'm busy?

(짝사랑하는 걸 몰라줄 때)

Can't you see that he has feelings for you?

(친구가 걱정될 때)

Can't you see that I'm worried about you?

🎲 Step 2 입으로 말하기

학습한 문장을 활용하여 대화를 연습하세요.

A **Can we start over?**

우리 다시 시작할 수 있을까?

B ❶ _____ we're done? *It's no use crying over spilt milk.

우리 끝난 거 모르겠어? 이미 엎질러진 물이야.

*It's no use crying over spilt milk.
(속담) 엎질러진 우유 앞에서 울어봐야 소용 없다.

A **Why does he always give me a gift?**

왜 그가 나에게 자꾸 선물을 주지?

B ❷ _____ he has feelings for you?

그가 너에게 관심 있는 거 모르겠어?

❶ Can't you see that　❷ Can't you see that

🎲 Step 3 실전 대화에서 연습하기

1초 안에 말할 수 없다면 처음으로 돌아가 답을 확인하세요.

A _____

B **I didn't know that. I can see it now.**

Can't you see
how amazing you are?

—

네가 얼마나 멋진지 알아?

Can't you see 뒤에 how를 붙이면 얼마나 그러한지를 말해줄 수 있습니다. 보통 우리는 우리가 얼마나 대단한지 모릅니다. 그런 스스로에게 Can't you see how amazing you are? 이라고 말해보세요. how 뒤에 형용사가 오면서 그 성질이나 상태의 정도를 말해줄 수 있습니다.

Can't you see how expensive it is?

너 이게 얼마나 비싼지 알아? (비싼 거 모르겠니?)

Can't you see how beautiful you are?

네가 얼마나 아름다운지 알아?

Can't you see how tasty that is?

그게 얼마나 맛있는지 알아?

  Send

🎲 Step 1 문장 익히기

다양한 상황에서 표현을 연습하세요.

(비싼 물건에 막 손대는 친구에게)

Can't you see how expensive it is?

(자존감이 떨어진 친구에게)

Can't you see how beautiful you are?

(어떤 음식을 못 먹는 친구에게)

Can't you see how tasty that is?

🎲 Step 2 입으로 말하기

학습한 문장을 활용하여 대화를 연습하세요.

A **People always judge me.**
사람들이 항상 날 판단해.

B ❶ _____ **stupid they are? You're nice the way you are.**
그들이 얼마나 멍청한지 알아? 넌 네 자체로 괜찮아.

A ❷ _____ **beautiful you are?**
네가 얼마나 아름다운지 알아?

B **Am I beautiful? I'm flattered.**
내가 아름답다고? 부끄럽게 왜 그래.

❶ Can't you see how ❷ Can't you see how

🎲 Step 3 실전 대화에서 연습하기

1초 안에 말할 수 없다면 처음으로 돌아가 답을 확인하세요.

A _____

B **Thanks a lot. You make me a better person.**

I can't possibly understand it.

—

이게 도저히 이해가 안 가.

can't possibly는 couldn't possibly와 쓰임새가 비슷합니다. couldn't 는 과거 상황에서 써줄 수 있고, can't는 현재 상황에서 사용한다는 차이가 있습니다. 아무리 생각해도 도저히 이해가 안 된다면!? I can't possibly understand that.

I can't possibly concentrate on reading.

책 읽는 것에 도저히 집중할 수가 없네.

I can't possibly remember all of that.

도저히 다 기억할 수가 없어.

I can't possibly finish this work on time.

이 일을 도저히 제시간에 끝낼 수가 없어.

 Send

🎲 Step 1 문장 익히기

다양한 상황에서 표현을 연습하세요.

"다 기억할 수 있지?"

No, **I can't possibly** remember all of that.

"여기 너무 시끄러워."

It is. **I can't possibly** concentrate on reading.

"일 다 끝낼 수 있겠어?"

No, **I can't possibly** finish this work on time.

🎲 Step 2 입으로 말하기

학습한 문장을 활용하여 대화를 연습하세요.

A It sounds like there is a party.
파티가 있나 보네.

B It's too noisy. ❶ _____ study.
너무 시끄럽다. 도저히 공부가 안되네.

A Aren't you coming?
안 가?

B ❷ _____ finish my work. Go first. I'll catch up later.
도저히 일을 끝낼 수가 없어. 먼저 가. 금방 따라갈게.

❶ I can't possibly ❷ I can't possibly

🎲 Step 3 실전 대화에서 연습하기

1초 안에 말할 수 없다면 처음으로 돌아가 답을 확인하세요.

A **Why did he act like that?**

B _____

You can't possibly think that's possible.

—

너 설마 그게 가능하다고 생각하는 건 아니겠지.

can't possibly와 you를 함께 쓰면, 내 생각으로는 있을 수 없는 일에 대해 '설마 그런 거 아니지?'라고 표현할 수 있습니다.

You can't possibly tell people.

너 설마 사람들한테 말한 거 아니겠지.

You can't possibly be serious.

농담이지? (너 설마 진심인 거 아니겠지.)

You can't possibly forget our anniversary.

너 설마 우리 기념일 잊은 건 아니겠지.

Send

🎲 Step 1 문장 익히기

다양한 상황에서 표현을 연습하세요.

"나 자퇴할 거야."

You can't possibly be serious.

"오늘 무슨 특별한 날이야?"

You can't possibly forget our anniversary.

"저번에 네가 비밀이라던 거..."

You can't possibly tell people.

🎲 Step 2 입으로 말하기

학습한 문장을 활용하여 대화를 연습하세요.

A I heard that there are aliens on earth!
지구에 외계인이 있대!

B ❶ _____ believe that.
너 설마 그걸 믿는 건 아니겠지.

A Where is my dessert? ❷ _____ have eaten that.
내 디저트 어디 갔지? 너 설마 먹은 거 아니겠지.

B Sorry but I couldn't help it.
미안해, 근데 어쩔 수 없었어.

❶ You can't possibly   ❷ You can't possibly

🎲 Step 3 실전 대화에서 연습하기

1초 안에 말할 수 없다면 처음으로 돌아가 답을 확인하세요.

A I want to work less and earn more money.

B _____

I can relate to that.

—

공감해.

상대방이 하는 말에 깊이 공감할 때 쓰는 표현입니다. 이 말을 자주 쓸 수 있다면, 그 상대방과는 금방 친해질 수 있겠죠! 서로 통하는 게 많으니까요. I can relate to you!

I can relate to you.

너에게 공감해.

I can relate to his opinion.

그의 의견에 공감해.

I can relate to what you said.

네가 말한 것에 공감해.

Send

🎲 Step 1 문장 익히기

다양한 상황에서 표현을 연습하세요.

"외로운 게 좋기도, 싫기도 해요." | **I can relate to** that.

"그 사람이 말한 거 어떻게 생각해?" | **I can relate to** his opinion.

"그래도 세상에는 좋은 사람이 많아." | **I can relate to** what you said.

🎲 Step 2 입으로 말하기

학습한 문장을 활용하여 대화를 연습하세요.

A Her speech was terrific. It was so touching.
그녀의 연설은 정말 멋졌어. 굉장히 감동적이었어.

B ❶ _____ her speech. It moved me.
그녀의 연설에 공감할 수 있었어. 내 마음을 움직였어.

A But still there are many kind people.
그래도 세상에는 좋은 사람이 많아.

B ❷ _____ what you said. Also, you're a kind person.
네 말에 공감해. 너 또한 좋은 사람이고.

❶ I can relate to ❷ I can relate to

🎲 Step 3 실전 대화에서 연습하기

1초 안에 말할 수 없다면 처음으로 돌아가 답을 확인하세요.

A I feel hungry at night even if I eat a lot during the daytime.

B _____

((A. 3초 만에 패턴으로 영작하기!))

❶ 넌 할 수 있어! 너 자신을 믿어!　　　　　　　Day **065**

❷ 오늘 수업 못 가요.　　　　　　　Day **069**

❸ 정말 미워할 수가 없다니깐!　　　　　　　Day **071**

❹ 더는 참을 수 없어!　　　　　　　Day **073**

❺ 창문 좀 닫아주실래요?　　　　　　　Day **076**

❻ 어떻게 도와드릴까요?　　　　　　　Day **078**

❼ 네가 얼마나 아름다운지 알아?　　　　　　　Day **081**

❽ 공감해.　　　　　　　Day **084**

❾ 이게 진짜일 리 없어.　　　　　　　Day **068**

❿ 널 빨리 보고 싶어.　　　　　　　Day **072**

Answer ♥ ▱

❶ You can do it! Believe in yourself!　　　❻ How can I help you?
❷ I can't make it to the class today.　　　❼ Can't you see how beautiful you are?
❸ I can't help but like you!　　　❽ I can relate to that.
❹ I can't stand it anymore!　　　❾ It can't be true.
❺ Can you close the window?　　　❿ I can't wait to see you.

A ❶ _____?

어떻게 도와드릴까요?

B I haven't decided yet. Give me a second.

아직 못 골랐어요. 잠시만요.

A I admit it. It's my fault. I'll never let you down again!

인정해. 내 잘못이야. 다시는 실망시키지 않을게!

B ❷ _____!

정말 미워할 수가 없다니까!

A ❸ _____? I'm about to turn on the air conditioner.

창문 닫아줄 수 있나요? 지금 막 에어컨을 켜려던 참이에요.

B I opened it to air out the room. I'll close it.

환기시키려고 열어뒀어요. 제가 닫을게요.

A Where are you? Are you on your way?

어디야? 오고 있어?

B I forgot to tell you. ❹ _____.

말하는 거 깜빡했다. 오늘 못 가.

A ❺ _____? You don't have to compare

yourself to others.

네가 얼마나 아름다운지 알아? 다른 사람이랑 비교할 필요 없어.

B I'm so happy to be your friend. Thank you.

네가 내 친구여서 참 행복해. 고마워.

Answer

❶ How can I help you
❷ I can't help but like you
❸ Can you close the window

❹ I can't make it today
❺ Can't you see how beautiful you are

Chapter 6

Will

Will은 흔히 '미래'를 의미한다고 알고 있습니다. 그런데 Will에는 즉흥적이거나 예측하는 느낌도 있다는 것을 기억하세요. 그리고 Will은 앞으로 있을 일을 말할 때 사용하기 때문에 '의지'를 보여줄 때도 있습니다. 미래의 뜻만 있다고 생각했던 Will의 쓰임새가 다양하죠? 각각의 쓰임새를 하나씩 확인해보세요.

Day
085
~
095

이번 Chapter에서는 Will을 학습해봅시다.
다음 우리말에 맞게 영어로 말해보세요. 1초라도 망설임이 있다면 체크 박스에 체크하세요!

I **will** do that.

I **won't** go there.

I **will** never give up.

Will you come over tonight?

What **will** you have for dinner?

What **are** you **going to** do this weekend?

I**'m going to** hang out with my friends.

It **will** rain tomorrow.

It**'s going to** be amazing.

Who knows, maybe I **will** win the lottery.

When do you think you**'ll** be home?

I will do that.
—
내가 할게. (즉흥적인 결정)

즉흥적으로 결심했을 때, will을 사용합니다. 음식점에서 주문할 때, 우리는 그 자리에서 바로 결정을 합니다. 이럴 때 will을 사용할 수 있는거죠. I will 은 줄여서 I'll로 표현할 수 있습니다.

I will have pasta.

파스타로 주문할게요.

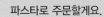

I will close the door.

내가 문 닫게.

I will bring you something to drink.

마실 것 좀 가져다 줄게.

🎲 Step 1 문장 익히기

다양한 상황에서 표현을 연습하세요.

"뭐로 드시겠어요?"	**I will** have pasta.
"누가 문 좀 닫아줄래?"	**I will** close the door.
"목이 너무 마르다."	**I will** bring you something to drink.

🎲 Step 2 입으로 말하기

학습한 문장을 활용하여 대화를 연습하세요.

A **Be sure to pay back the money! Don't forget.**
돈 꼭 갚아! 까먹지 마.

B **Sure! ❶ _____ pay you back by Sunday.**
물론이지! 일요일까지 갚을게.

A **What would you like to have?**
뭐로 드시겠어요?

B **❷ _____ have steak and a coke.**
스테이크랑 콜라 주세요.

❶ I will ❷ I will

🎲 Step 3 실전 대화에서 연습하기

1초 안에 말할 수 없다면 처음으로 돌아가 답을 확인하세요.

A **Can you do this for me?**

B _____

I won't go there.

—

그곳엔 안 갈 거야.

will의 부정은 will not이고, won't로 줄여서 표현할 수 있습니다. won't는 약속할 때 많이 사용하는 표현으로 '안 그럴게.'라는 의미가 됩니다. 비밀 절대 얘기 안 할게! I won't tell it to anyone!

I won't tell it to anybody.

누구한테도 얘기하지 않을게.

I won't be late tomorrow.

내일은 늦지 않을게.

I won't let you down.

널 실망시키지 않겠어.

🎲 Step 1 문장 익히기

다양한 상황에서 표현을 연습하세요.

"비밀 꼭 지켜!"	**I won't** tell it to anybody.	
"내일 늦으면 안 돼."	**I won't** be late tomorrow.	
"실망시키지 않을 거지?"	**I won't** let you down.	

🎲 Step 2 입으로 말하기

학습한 문장을 활용하여 대화를 연습하세요.

A It's just between you and me.
이거 우리끼리 이야기다.

B ❶ _____ tell it to anybody.
누구에게도 말하지 않을게.

A Please don't let me down.
나를 실망시키지 말아줘.

B Don't worry. ❷ _____ let you down.
걱정하지 마. 실망시키지 않을 거야.

❶ I won't ❷ I won't

🎲 Step 3 실전 대화에서 연습하기

1초 안에 말할 수 없다면 처음으로 돌아가 답을 확인하세요.

A Will you come to the meeting next week?

B _____

I will never give up.
—
절대 포기하지 않을 거야.

never를 will 뒤에 쓰면, 더 강한 의지를 나타낼 수 있습니다. '절대 하지 않겠다!'는 의미가 되는 것이죠.

I'll never leave you.

절대 널 떠나지 않겠어.

I'll never forgive him.

그를 절대 용서하지 않을 거야.

I'll never hurt you.

절대 널 아프게 하지 않을게. (상처 주지 않을게.)

🎲 Step 1 문장 익히기

다양한 상황에서 표현을 연습하세요.

"그를 용서할 거야?" | No, **I'll never** forgive him.

"평생 내 옆에 있어 줄래?" | **I'll never** leave you.

"난 상처 받기 싫어." | **I'll never** hurt you.

🎲 Step 2 입으로 말하기

학습한 문장을 활용하여 대화를 연습하세요.

A Will you do that again?
또 그럴 거야?

B No, ❶ _____ do that again.
아니, 다시는 절대 그러지 않을게.

A ❷ _____ hurt you. Trust me.
절대 상처주지 않을게. 날 믿어줘.

B I'm counting on you.
난 너 믿어.

❶ I'll never ❷ I'll never

🎲 Step 3 실전 대화에서 연습하기

1초 안에 말할 수 없다면 처음으로 돌아가 답을 확인하세요.

A Will you keep trying?

B _____

Will you come over tonight?

—

오늘 밤에 올 거야?

상대방의 의도를 물어보거나 부탁할 때 Will you를 사용해서 질문할 수 있습니다. 저녁 모임에 친구가 올 건지 물어보고 싶다면 Will you come over tonight?

Will you do that for me?

그것 좀 해줄 수 있어요?

Will you go on a diet?

다이어트 할 거야?

Will you join us for dinner?

저녁 함께 먹을래?

   Send

다양한 상황에서 표현을 연습하세요.

"아, 배고파!" **Will you** join us for dinner?

"나 운동 시작했어." **Will you** go on a diet?

"혼자 할 수 있겠어?" **Will you** do that for me?

🎲 Step 2 **입으로 말하기**

학습한 문장을 활용하여 대화를 연습하세요.

A ❶ _____ wait for me?

나 기다려 줄 거야?

B Of course. I'll wait for you.

물론이지. 기다릴게.

A ❷ _____ join us?

함께 할래?

B I wish I could but I'm already booked.

나도 그러고 싶은데 이미 약속 있어.

❶ Will you ❷ Will you

🎲 Step 3 **실전 대화에서 연습하기**

1초 안에 말할 수 없다면 처음으로 돌아가 답을 확인하세요.

A _____

B No, I can't make it tonight.

What will you have for dinner?

—

저녁으로 뭘 먹을 거야?

What will은 어떤 행동을 하고 싶은지 물어볼 때도 쓸 수 있습니다. 여러분은 저녁으로 뭘 드실 건가요? What will you have for dinner?

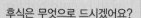

What will you have for dessert?

후식은 무엇으로 드시겠어요?

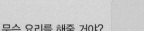

What will you cook for me?

날 위해서 무슨 요리를 해줄 거야?

What will you buy for your mother?

어머니께 무엇을 사드릴 거야?

   Send

🎲 Step 1 문장 익히기

다양한 상황에서 표현을 연습하세요.

(어버이날에)   **What will you** buy for your mother?

(밥을 먹고 난 후)   **What will you** have for dessert?

(저녁을 해준다는 친구에게)   **What will you** cook for me?

🎲 Step 2 입으로 말하기

학습한 문장을 활용하여 대화를 연습하세요.

A ❶ _____ cook for me tonight?

오늘 밤에 무슨 요리 해줄 거야?

B How about curry? I cook curry pretty well.

카레 어때? 나 카레 꽤 잘해.

A ❷ _____ buy for your mother?

어머니께 무엇을 사드릴 거야?

B I haven't decided yet. Do you have any good ideas?

아직 안 골랐어. 좋은 생각 있어?

❶ What will you   ❷ What will you

🎲 Step 3 실전 대화에서 연습하기

1초 안에 말할 수 없다면 처음으로 돌아가 답을 확인하세요.

A _____

B I feel like Korean food.

What are you going to do this weekend?

—

이번 주말에 뭐 할 거야?

Will과 비슷한 의미로 사용될 수 있는 표현이 be going to입니다. 단, will은 즉흥적인 뉘앙스를 주는 반면에 be going to는 계획을 의미합니다. What are you going to는 일상 생활에서 빈번하게 쓰이는 패턴으로 상대방이 정해둔 계획이 무엇인지 물어 보는 질문입니다. going to는 gonna(거나)로 발음되어 많이 쓰입니다.

What are you going to do during the vacation?

휴가 때 뭐 할 거야?

What are you going to have for lunch?

점심으로 뭐 먹을 거야?

What are you going to buy for her birthday gift?

그녀의 생일 선물로 뭘 살 거야?

🎲 Step 1 문장 익히기

다양한 상황에서 표현을 연습하세요.

(점심 시간에)

What are you going to have for lunch?

(휴가를 앞두고)

What are you going to do during the vacation?

(친구의 생일 전에)

What are you going to buy for her birthday gift?

🎲 Step 2 입으로 말하기

학습한 문장을 활용하여 대화를 연습하세요.

A ❶ _____ order?

뭐로 주문할 거야?

B I haven't decided yet. Give me a second.

아직 못 골랐어. 잠깐만 기다려줘.

A ❷ _____ do tomorrow?

내일 뭐 할 거야?

B I'm thinking of going to a concert.

콘서트에 갈까 생각 중이야.

❶ What are you going to ❷ What are you going to

🎲 Step 3 실전 대화에서 연습하기

1초 안에 말할 수 없다면 처음으로 돌아가 답을 확인하세요.

A _____

B I have no plans. What about you?

I'm going to hang out with my friends.

—

친구들이랑 놀 거야. (계획)

What are you going to do this weekend? '이번 주말에 뭐 할 거야?'라는 질문에는 will보다 be going to로 대답하는 것이 더 자연스럽습니다. 이미 계획된 일인 경우가 대다수이기 때문입니다.

I'm going to ask her out this Friday!
이번 주 금요일에 그녀에게 데이트 신청할 거야!

I'm going to spend time with my family.
가족이랑 시간을 보낼 거야.

I'm going to get a driver's license.
운전면허를 딸 거야.

🎲 Step 1 **문장 익히기**

다양한 상황에서 표현을 연습하세요.

"언제 데이트 신청할거야?" **I'm going to** ask her out this Friday.

"이번 주말에는 뭐 해?" **I'm going to** spend time with my family.

"방학 때 뭐 할 거야?" **I'm going to** get a driver's license.

🎲 Step 2 **입으로 말하기**

학습한 문장을 활용하여 대화를 연습하세요.

A It's done! ❶ _____ sleep in tomorrow. I'm so tired.
끝났다! 내일은 늦잠 잘 거야. 너무 피곤해.

B You worked hard. You deserve to sleep in.
너 열심히 일했어. 늦잠 잘 자격이 있어.

A What are you up to this weekend?
이번 주말에 뭐 해?

B ❷ _____ spend time with my family in Yeouido park.
여의도 공원에서 가족들이랑 시간 보낼 거야.

❶ I'm going to　❷ I'm going to

🎲 Step 3 **실전 대화에서 연습하기**

1초 안에 말할 수 없다면 처음으로 돌아가 답을 확인하세요.

A What are you up to this weekend?

B _____

It will rain tomorrow.
―
내일 비가 올 거야. (예측)

앞에서는 will의 즉흥성에 대해 이야기했습니다. 여기서는 will이 '예측'의 의미로 사용될 때를 보겠습니다. 비가 온다고? 비 금방 그칠 거야! The rain will stop soon.

The rain will stop soon.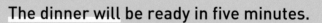

비가 금방 그칠 거야.

The dinner will be ready in five minutes.

저녁이 5분이면 준비 될 거야.

You will pass the exam. Don't worry.

넌 시험에 통과할 거야. 걱정하지 마.

Send

🎲 Step 1 문장 익히기

다양한 상황에서 표현을 연습하세요.

"비 그쳐야 하는데." **The rain will** stop soon.

"저녁 다 됐어?" **The dinner will** be ready in five minutes.

"시험 보고 올게." **You will** pass the exam. Don't worry.

🎲 Step 2 입으로 말하기

학습한 문장을 활용하여 대화를 연습하세요.

A **When will we arrive?**
우리 언제 도착해?

B **We ❶ _____ get there in an hour.**
우리 1시간이면 거기에 도착할 거야.

A **Are you going to put in the chili pepper? It ❷ _____ be too spicy.**
고추 넣으려고? 엄청 매울 텐데.

B **Yes, it will. I like spicy food.**
맞아, 맵겠지. 나 매운 거 좋아해.

❶ will ❷ will

🎲 Step 3 실전 대화에서 연습하기

1초 안에 말할 수 없다면 처음으로 돌아가 답을 확인하세요.

A _____

B **Why don't we just stay home and chill?**

It's going to be amazing.

—

정말 멋질 거야. (예측)

be going to에도 예측의 의미가 있습니다. 그리고 이는 will의 쓰임과 비슷하므로 둘 다 사용해도 괜찮습니다. 단, be going to가 will보다 더 확신의 뉘앙스를 전달합니다.

Our team is going to win tonight.

오늘 밤에 우리 팀이 이길 거야.

You're going to be burnt out.

너 완전히 지쳐버릴 거야.

We're going to be late.

우리 지각하겠다.

🎲 Step 1 문장 익히기

다양한 상황에서 표현을 연습하세요.

"오늘 밤 중요한 경기다." **Our team is going to** win tonight.

"도저히 쉴 시간이 안 나." **You're going to** be burnt out.

"신발 끈 좀 묶을게." Hurry up! **We're going to** be late.

🎲 Step 2 입으로 말하기

학습한 문장을 활용하여 대화를 연습하세요.

A Hurry up! ❶ _____ be late.

서둘러! 우리 늦어.

B We still have enough time. Calm down.

우리 아직 시간 충분해. 진정해.

A I have no time to rest. I'm too busy.

쉴 시간이 없어. 너무 바빠.

B ❷ _____ be burnt out unless you get some rest.

쉬지 않으면, 너 완전히 지쳐버릴 거야.

❶ We're going to ❷ You're going to

🎲 Step 3 실전 대화에서 연습하기

1초 안에 말할 수 없다면 처음으로 돌아가 답을 확인하세요.

A I'm really looking forward to the trip!

B _____

Who knows,
maybe I will win the lottery.
—
혹시 알아, 내가 복권에 당첨될지.

Who knows, maybe I will은 정말 재미있는 표현입니다. 한국말로 '혹시 알아, 그렇게 될지도 모르지.'라는 의미로 '인생지사 새옹지마'와 같은 표현입 니다.

Who knows, maybe it will be sunny tomorrow.

또 모르지, 내일 날씨가 화창할지도.

Who knows, maybe you will make it.

혹시 알아, 네가 해낼지.

Who knows, maybe it will be a great chance.

이게 정말 좋은 기회일지 또 모를 일이야.

🎲 Step 1 문장 익히기

다양한 상황에서 표현을 연습하세요.

"일기예보에서 내일 비 온대."

Who knows, maybe it will be sunny tomorrow.

"난 안 될 거야."

Who knows, maybe you will make it!

"또 복권 사?"

Who knows, maybe I will win the lottery.

🎲 Step 2 입으로 말하기

학습한 문장을 활용하여 대화를 연습하세요.

A **Did I make the right decision? I don't know.**
내가 올바른 결정을 한 걸까? 모르겠어.

B ❶ _____ **be the best decision. Be confident.**
최고의 결정이 될지도 모르지. 자신감을 가져.

A ❷ _____ **make it. Just accept the challenge!**
또 모르지. 네가 해낼지. 그냥 시도해봐!

B **Still I'm a little afraid but I will try!**
여전히 조금 걱정되지만 시도해볼게!

❶ Who knows, maybe it will ❷ Who knows, maybe you will

🎲 Step 3 실전 대화에서 연습하기

1초 안에 말할 수 없다면 처음으로 돌아가 답을 확인하세요.

A **Why do you buy a lottery ticket every week?**

B _____

When do you think you'll be home?

—

집에 언제 올 것 같아?

When do you think와 will을 함께 쓰면 '언제쯤 그렇게 될까?'하고 상대방의 의견을 물어볼 수 있습니다. 생각보다 자주 사용하는 패턴이므로 기억해두시면 유용합니다.

When do you think I'll speak English naturally?

영어를 언제쯤 자연스럽게 하게 될까?

When do you think it'll end?

이게 언제 끝나게 될까?

When do you think I'll get married?

내가 언제 결혼하게 될까?

🎲 Step 1 문장 익히기

다양한 상황에서 표현을 연습하세요.

(결혼 얘기하다가)

When do you think I'll get married?

(지루한 일을 하다가)

When do you think it'll end?

(영어 공부를 하다가)

When do you think I'll speak English naturally?

🎲 Step 2 입으로 말하기

학습한 문장을 활용하여 대화를 연습하세요.

A ❶ _____ speak English naturally?

나는 언제 영어를 자연스럽게 하게 될까?

B **I know you're working on it. So, you will speak naturally soon.**

난 네가 노력하는 걸 알아. 그래서 금방 자연스럽게 말하게 될 거야.

A ❷ _____ get married?

넌 네가 언제 결혼할 것 같아?

B **Who knows, maybe I will get married next year.**

또 모르지. 내년에 결혼하게 될지.

❶ When do you think I'll ❷ When do you think you will

🎲 Step 3 실전 대화에서 연습하기

1초 안에 말할 수 없다면 처음으로 돌아가 답을 확인하세요.

A _____

B **I'll get home by 11.**

((A. 3초 만에 패턴으로 영작하기!))

❶ 파스타로 주문할게요.   Day **085**

❷ 널 실망시키지 않겠어.   Day **086**

❸ 혹시 알아, 내가 복권에 당첨될지.   Day **094**

❹ 내일 비가 올 거야.   Day **092**

❺ 친구들이랑 놀 거야.   Day **091**

❻ 휴가 때 뭐 할 거야?   Day **090**

❼ 이게 언제 끝나게 될까?   Day **095**

❽ 후식은 무엇으로 드시겠어요?   Day **089**

❾ 절대 포기하지 않을 거야.   Day **087**

❿ 오늘 밤에 올 거야?   Day **088**

Answer

❶ I will have pasta.
❷ I won't let you down.
❸ Who knows, maybe I will win the lottery.
❹ It will rain tomorrow.
❺ I'm going to hang out with my friends.

❻ What are you going to do during the vacation?
❼ When do you think it'll end?
❽ What will you have for dessert?
❾ I will never give up.
❿ Will you come over tonight?

((B. 실생활에서 써먹기!))

A ❶ _____ ?

오늘 비가 올까요?

B ❷ _____ . So take your umbrella.

오늘 비 올 거예요. 그러니 우산 챙기세요.

A What are you up to tomorrow?

내일 뭐 해?

B ❸ _____ .

친구들이랑 놀 거야.

A ❹ _____ ? Do you have any plans?

휴가에 뭐 할 거야? 어떤 계획 있어?

B I'm thinking of going to Busan to swim in the ocean.

바다에서 수영하러 부산에 갈까 생각하고 있어.

A The virus has lasted so long. ❺ _____ ?

바이러스가 정말 오래 지속된다. 언제 끝날 것 같아?

B ❻ _____ . So hang in there.

곧 끝날 거야. 그러니까 조금만 참아 보자.

A No matter how hard it is, ❼ _____ .

아무리 힘들어도, 절대 포기하지 않을 거야.

B ❽ _____ . You can make it.

내가 지지할게. 넌 할 수 있어.

Answer

❶ Will it rain today
❷ It will rain today
❸ I'm going to hang out with my friends
❹ What are you going to do during the vacation

❺ When do you think it'll end
❻ It will end soon
❼ I will never give up
❽ I will support you

Chapter 7

May/Might

May와 Might는 앞서 학습했던 조동사들 중에서 가장 확신이 적을 때 사용합니다. 따라서, 잘 모르겠는 상황에서 주로 쓰일 수 있습니다. 정중하게 허락을 구할 때도 May와 Might를 사용할 수 있습니다. Might를 May의 과거로 많이 알고 있지만, 실제로는 둘이 혼용돼서 많이 쓰인답니다.

Day
096
~
100

이번 Chapter에서는 May와 Might를 학습해봅시다.
다음 우리말에 맞게 영어로 말해보세요. 1초라도 망설임이 있다면 체크 박스에 체크하세요!

I **may/might** be a little late.

There **may** not be a room.

May I come in?

I **might** as well give up.

You **might** have left it in the car.

I may/might be a little late.

—

약간 늦을 수도 있어요.

may와 might는 현재 일어나고 있거나 앞으로 일어날 일을 추측할 때 쓰는데 그에 대한 확신이 덜합니다. 이런 말을 버릇처럼 달고 다니는 사람이 있죠? I may/might be a little late.

He might be working out.

그는 운동하고 있을 거야.

She might be in the middle of a meeting.

그녀는 회의 중일 거야.

I may go to work this Sunday.

이번 주 일요일에 출근할 수도 있어.

  Send

🎲 Step 1 문장 익히기

다양한 상황에서 표현을 연습하세요.

 "일요일에 점심 먹을까?" **I may** go to work this Sunday.

 "그녀는 어디 있어?" **She might** be in the middle of a meeting.

 "그가 전화를 안 받네." **He might** be working out.

🎲 Step 2 입으로 말하기

학습한 문장을 활용하여 대화를 연습하세요.

A Do you want to hike in the mountains this Sunday?
이번 일요일에 등산 갈까?

B I ❶ _____ go to work this Sunday.
나 일요일에 출근할 수도 있어.

A Does anybody know where he is?
그가 어디 있는지 아는 사람이 있나요?

B He ❷ _____ be at a café for a meeting.
미팅으로 카페에 있을 거예요.

❶ may ❷ might

🎲 Step 3 실전 대화에서 연습하기

1초 안에 말할 수 없다면 처음으로 돌아가 답을 확인하세요.

A _____

B Don't hurry! Take your time.

There may not be a room.

―

방이 없을 수도 있어.

There may not be는 '어떤 것이 없을 수도 있다'고 말할 때 씁니다. not 이 빠진다면 있을 수도 있겠죠. 이번 여름에 제주도에 간다고요? 그럼 빨리 예약하는 게 좋아요. 방이 없을 수도 있으니까요. There may not be a room.

There may not be water to drink.

마실 물이 없을 수도 있어.

There may not be enough time to finish it.

이걸 끝낼 충분한 시간이 없을 수도 있어.

There may not be an opportunity like this.

이런 기회가 없을 수도 있어.

🎲 Step 1 문장 익히기

다양한 상황에서 표현을 연습하세요.

"더 좋은 기회가 오지 않을까?"

There may not be an opportunity like this.

"시간 충분하겠지?"

There may not be enough time to finish it.

"물은 안 사도 되지 않을까?"

There may not be water to drink.

🎲 Step 2 입으로 말하기

학습한 문장을 활용하여 대화를 연습하세요.

A **Should we buy some more water?**
물을 더 사야 할까?

B **I think we should. ❶** _____ **water to drink.**
그러는 게 좋겠어. 마실 물이 없을 수 있어.

A **Is it a good opportunity?**
이게 정말 좋은 기회일까?

B **I think ❷** _____ **another opportunity like this.**
내 생각에 이런 기회는 또 없을 거 같아.

❶ There may not be ❷ there may not be

🎲 Step 3 실전 대화에서 연습하기

1초 안에 말할 수 없다면 처음으로 돌아가 답을 확인하세요.

A _____

B **Then, I'll make a reservation right now.**

May I come in?
—
들어가도 될까요?

May I도 Can I나 Could I와 마찬가지로 허락을 구하거나 요청이나 제안을
할 때 사용할 수 있습니다. 매우 정중하게 쓰는 표현이기 때문에 친구들끼리
보다는 예의를 차려야 하는 상황에서 많이 사용합니다. 그럼 이제 주문 받아
도 될까요? May I take your order?

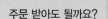

May I take your order?

주문 받아도 될까요?

May I see your passport?

여권을 볼 수 있을까요?

May I have a window seat?

창가 자리로 앉을 수 있을까요?

🎲 Step 1 문장 익히기

다양한 상황에서 표현을 연습하세요.

(식당에서 웨이터가)	**May I** take your order?
(공항에서)	**May I** see your passport?
(비행기 탑승 수속을 하다가)	**May I** have a window seat?

🎲 Step 2 입으로 말하기

학습한 문장을 활용하여 대화를 연습하세요.

A ❶ _____ take your order?
주문 받아도 될까요?

B Can we order a bit later? We haven't decided on the menu yet.
조금 있다가 주문할 수 있나요? 아직 메뉴를 못 정했어요.

A Would you rather have an aisle seat or a window seat?
통로 자리가 좋으세요, 창가 자리가 좋으세요?

B ❷ _____ have a window seat?
창가 자리로 앉을 수 있을까요?

❶ May I ❷ May I

🎲 Step 3 실전 대화에서 연습하기

1초 안에 말할 수 없다면 처음으로 돌아가 답을 확인하세요.

A _____

B Sure, come on in.

I might as well give up.
—
포기하는 게 낫겠어.

might as well은 차선책을 표현하는 말입니다. 최선책이 있었지만 그 최선책을 선택할 수 없는 상황에서 '이왕 이렇게 된 게!'하면서 사용하는 표현입니다. 비행기가 연착됐다고? 이왕 이렇게 된 거 뭐 좀 먹자! I might as well grab a bite!

I might as well walk.

걷는 게 낫겠어.

I might as well accept the offer.

그 제안을 받아들이는 게 낫겠어.

I might as well enjoy it.

이왕 이렇게 된 거 즐기는 게 낫겠어.

 Send

🎲 Step 1 문장 익히기

다양한 상황에서 표현을 연습하세요.

(버스 타는 게 최선이지만, 놓쳤을 때)

I might as well walk.

(피하는 게 최선이지만, 피할 수 없을 때)

I might as well enjoy it.

(약간 탐탁지 않은 제안이지만, 받아들일 때)

I might as well accept the offer.

🎲 Step 2 입으로 말하기

학습한 문장을 활용하여 대화를 연습하세요.

A **Our flight is delayed.**
우리 비행기가 연착됐어.

B **Then, ❶_____ grab a bite.**
그럼 뭐 좀 먹는 게 낫겠다.

A **There is no way to avoid it.**
피할 방법이 없네.

B **❷_____ enjoy it.**
이왕 이렇게 된 거 즐기는 게 낫겠군.

❶ we might as well ❷ I might as well

🎲 Step 3 실전 대화에서 연습하기

1초 안에 말할 수 없다면 처음으로 돌아가 답을 확인하세요.

A _____

B **I think that's better.**

You might have left it in the car.

—

차에 놓고 왔을 거야.

might have p.p.(= might've p.p.)는 '~했을 거야'로 과거에 일어났을 수 도 있는 일을 말할 때 씁니다. 우리가 지갑이나 휴대폰을 찾을 때, 이 말을 많이 합니다. You might have left it in the car!

He might have fallen asleep.

그는 잠들었을 거야.

I might have misunderstood.

내가 오해했었나 봐.

She might have forgotten it.

그녀가 깜빡했을 거야.

🎲 Step 1 문장 익히기

다양한 상황에서 표현을 연습하세요.

"그 사람 되게 착하던데."   **I might have** misunderstood.

"그녀가 답장이 없어."   **She might have** forgotten it.

"왜 그가 전화를 안 받았을까?"   **He might have** fallen asleep.

🎲 Step 2 입으로 말하기

학습한 문장을 활용하여 대화를 연습하세요.

A   I can't find my wallet.
지갑을 찾을 수가 없네.

B   ❶ _____ left it at home.
집에 놓고 왔을 거야.

A   Why isn't he here?
그는 왜 없어?

B   ❷ _____ forgotten there is a meeting today.
오늘 회의 있는 거 깜빡했을 거야.

❶ You might have   ❷ He might have

🎲 Step 3 실전 대화에서 연습하기

1초 안에 말할 수 없다면 처음으로 돌아가 답을 확인하세요.

A   Didn't I bring my bag?

B   _____

❶ 약간 늦을 수도 있어요.　　　　　　　　　　　　Day **096**

❷ 이번 주 일요일에 출근할 수도 있어.　　　　　　　Day **096**

❸ 마실 물이 없을 수도 있어.　　　　　　　　　　　Day **097**

❹ 이런 기회가 없을 수도 있어.　　　　　　　　　　Day **097**

❺ 들어가도 될까요?　　　　　　　　　　　　　　　Day **098**

❻ 창가 자리로 앉을 수 있을까요?　　　　　　　　　Day **098**

❼ 포기하는 게 낫겠어.　　　　　　　　　　　　　　Day **099**

❽ 이왕 이렇게 된 거 즐기는 게 낫겠어.　　　　　　　Day **099**

❾ 차에 놓고 왔을 거야.　　　　　　　　　　　　　Day **100**

❿ 내가 오해했었나 봐.　　　　　　　　　　　　　　Day **100**

Answer ♥

❶ I may/might be a little late.
❷ I may/might go to work this Sunday.
❸ There may/might not be water to drink.
❹ There may/might not be an opportunity like this.
❺ May I come in?

❻ May I have a window seat?
❼ I might as well give up.
❽ I might as well enjoy it.
❾ You might have left it in the car.
❿ I might have misunderstood.

A **Are you there? ❶** _____.
도착했어요? 조금 늦을 것 같아요.

B **Yes, I'm here. Don't be in a rush! Take your time.**
네, 도착했어요. 서두르지 마세요! 천천히 와요.

A **You will come this Sunday, won't you?**
이번 주 일요일에 오지, 그렇지?

B **I'm not sure yet. ❷** _____.
아직은 잘 모르겠어. 이번 주 일요일에 출근할 수도 있어.

A **Should we buy some water?**
물을 좀 사야 할까?

B **I think we should. ❸** _____.
사야 할 것 같아. 마실 물이 없을 수도 있어.

A **There are no other choices.**
다른 선택권이 없네.

B **You're right. ❹** _____.
네 말이 맞아. 이왕 이렇게 된 거 즐기는 게 낫겠어.

A **I can't find my wallet. Have you seen my wallet?**
지갑을 찾을 수가 없네. 내 지갑 봤어?

B **No, I haven't. ❺** _____.
아니, 못 봤어. 차에 놓고 왔을 거야.

Answer

❶ I may/might be a little late

❷ I may/might go to work this Sunday

❸ There may/might not be water to drink

❹ I might as well enjoy it

❺ You might have left it in the car